긍정 습관

정미금 글 | 조명자 그림

아이앤북

머리말

　성공할 수 있다고 믿는 긍정적인 사람과 장애물 때문에 원하는 일을 이룰 수 없다고 믿는 부정적인 사람이 있었어요. 긍정적인 사람은 희망을 가지고 모든 일을 열심히 했어요. 하지만 부정적인 사람은 어차피 성공할 수 없다고 생각하며 게으름을 피웠지요.

　몇 년 후, 이들을 찾아가 보면 어느 쪽이 더 자기가 바라던 모습과 가까워져 있을까요? 그야 물론 긍정적인 사람이지요.

　행복한 인생을 살고 있는 사람들을 보면 긍정적인 마음을 가지고 있다는 것을 알 수 있어요. 그러한 긍정적인 마음은 긍정적인 습관을 만들어 내지요. 우리가 매일 같이 반복하는 작은 습관들은 사소해 보이지만 그것이 모이면 몇 년 후에는 굉장히 큰 차이나 변화를 가져와요.

　하루에 한 시간씩 그림을 그리는 습관을 가진 친구라면 훌륭한 화가가 되어 있을 수도 있고, 하루에 한 시간씩 책 읽는 습관을 가진 친구라면 유명한 작가가 되어 있을 수도 있어요. 하루에 한 시간은 작지만 그것들이 모이면 나의 가장 큰 장점이 되기도 해요. 처음에는 의지로 견디며 했던 일도 습관이 되면 몸에 배어 별 어려움 없이 행할 수 있게 되지요.

나에게 도움이 되는 긍정적인 습관에는 어떤 것들이 있는지 종이에 적어 보면 지금 나의 모습은 물론 미래의 나의 모습도 보일 거예요. 어렸을 때 어떠한 습관을 만드느냐에 따라 이다음에 어른이 되었을 때의 모습이 크게 좌우되지요.
　'처음에는 우리가 습관을 만들지만, 나중에는 습관이 우리를 만든다!'는 말처럼 습관은 우리를 만들어 가는 하나하나의 중요한 뼈대와도 같아요. '나는 할 수 있다.'는 긍정적인 마음을 가지고 꼭 필요한 긍정 습관을 만들어 보세요.

　　　　　　　　　　　　　　　　　　　　　정미금

C O N T E N T S

제1장 >> 나를 변화시키는 긍정 습관

001 발견 _ 내 마음 바라보기 · 8 | **002** 용기 _ 더 큰 세상으로 나아가기 · 12 | **003** 인내 _ 성공을 만들어 내는 마법 · 16 | **004** 도전 _ 미지의 세계로 향하기 · 20 | **005** 열정 _ 무엇이든 이루어 내는 열정 · 24 | **006** 자신감 _ 나는 할 수 있다 · 28 | **007** 긍정 _ 희망을 현실로 만드는 주문 · 32 | **008** 공포 _ 자기가 만든 두려움 · 36 | **009** 집중 _ 힘을 한 곳으로 모으기 · 40 | **010** 만족 _ 긍정의 힘이 발휘되는 순간 · 44 | **011** 즐거움 _ 세상 모든 것을 즐겨라 · 48 | **012** 경험 _ 나를 성장시키는 영양분 · 52 | **013** 성실 _ 재능을 앞서는 성실 · 56

제2장 >> 상대방을 대하는 긍정 습관

014 경청 _ 세상을 이해하는 기술 · 62 | **015** 우정 _ 친구가 필요한 이유 · 66 | **016** 봉사 _ 나 자신을 위한 시간 · 70 | **017** 상처 _ 상처는 지우고 기억만 남길 것 · 74 | **018** 책임 _ 리더가 되기 위한 조건 · 78 | **019** 욕심 _ 내가 가진 것이 너무 적다고? · 82 | **020** 배움 _ 하루가 다르게 성장하기 · 86 | **021** 배려 _ 나를 위한 선물 · 90

차례

제3장 >> 미래를 만드는 긍정 습관

| **022** 노력 _ 차곡차곡 쌓아 가기 · 96 | **023** 목표 _ 목표에 따른 지도 그리기 · 100 | **024** 의지 _ 의지가 있어야 흔들리지 않는다 · 104 | **025** 실천 _ 망설일 시간에 실천하기 · 108 | **026** 포기 _ 달콤한 악마의 유혹 · 112 | **027** 계획 _ 내가 만들어 가는 운명 · 116 | **028** 독서 _ 세상을 살아가는 지혜를 익히는 시간 · 120 | **029** 변화 _ 세상은 지금도 변화하고 있다 · 124 | **030** 희망 _ 가슴을 훈훈하게 하는 난로 · 128 | **031** 실패 _ 실패는 끝이 아닌 과정이다 · 132

제4장 >> 세상을 움직이는 긍정 습관

| **032** 양심 _ 양심을 지키는 것은 나를 지키는 일 · 138 | **033** 자유 _ 자유로운 상상이 천재를 만든다 · 142 | **034** 폭력 _ 폭력은 더 큰 폭력을 부른다 · 146 | **035** 발상 _ 새로운 세상을 열어 가는 생각 · 150 | **036** 사랑 _ 가장 환상적인 기쁨 · 154 | **037** 개성 _ 나를 돋보이게 하는 보석 · 158 | **038** 친절 _ 세상을 밝히는 빛 · 162 | **039** 나눔 _ 세상에서 가장 아름다운 행동 · 166 | **040** 칭찬 _ 생명력을 불어넣는 말 한 마디 · 170

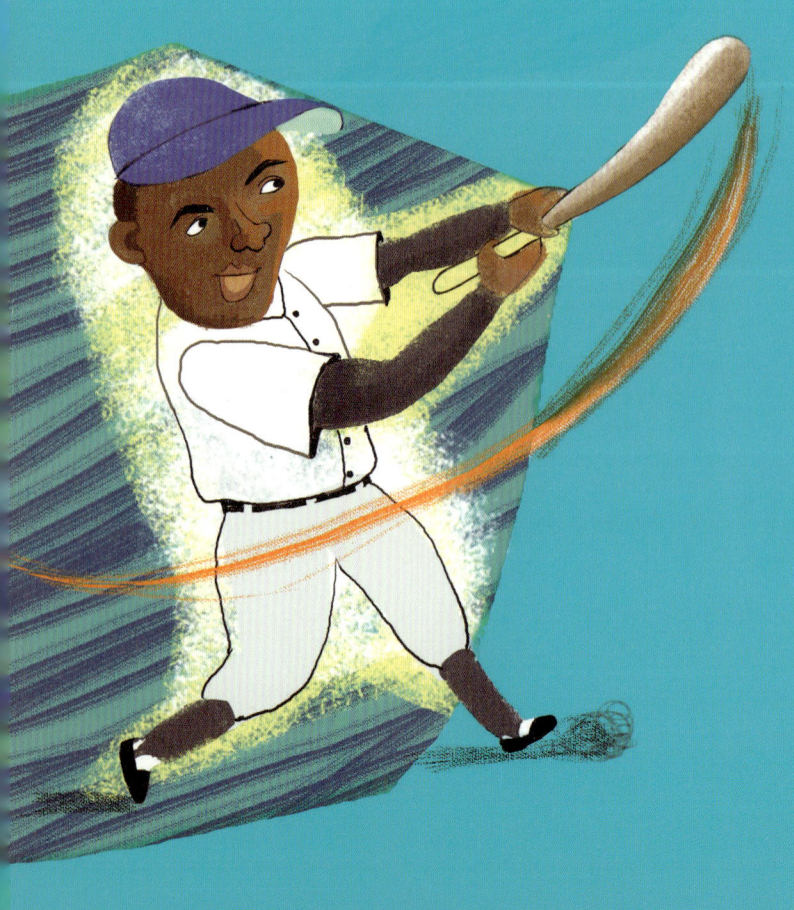

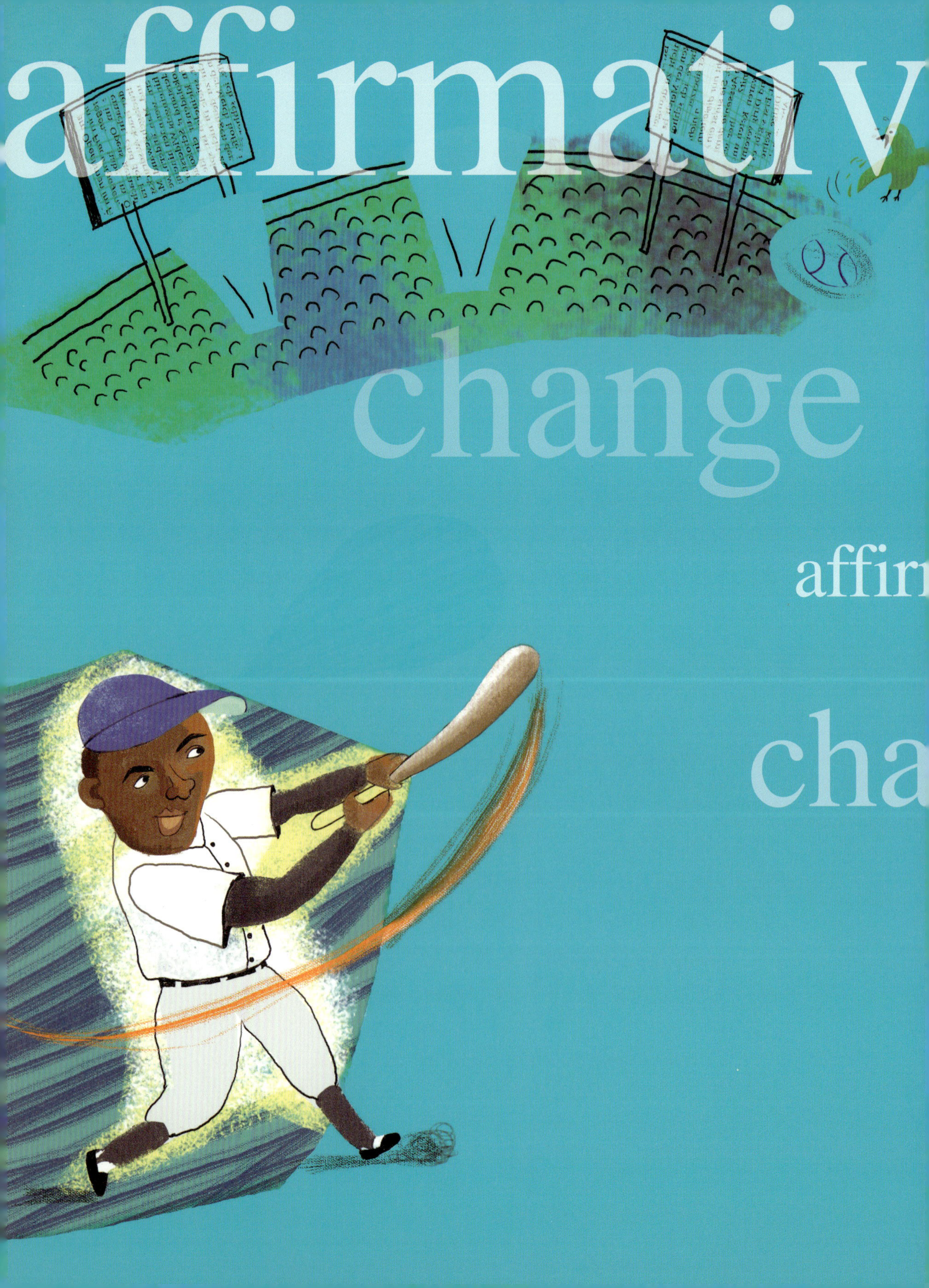
affirmativ
change
affir
cha

#1

나를 변화시키는 긍정 습관

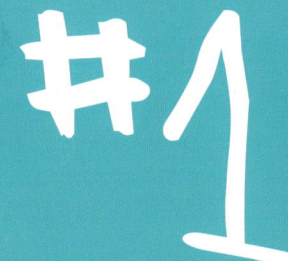

001 발견 _ 내 마음 바라보기
002 용기 _ 더 큰 세상으로 나아가기
003 인내 _ 성공을 만들어 내는 마법
004 도전 _ 미지의 세계로 향하기
005 열정 _ 무엇이든 이루어 내는 열정
006 자신감 _ 나는 할 수 있다
007 긍정 _ 희망을 현실로 만드는 주문
008 공포 _ 자기가 만든 두려움
009 집중 _ 힘을 한 곳으로 모으기
010 만족 _ 긍정의 힘이 발휘되는 순간
011 즐거움 _ 세상 모든 것을 즐겨라
012 경험 _ 나를 성장시키는 영양분
013 성실 _ 재능을 앞서는 성실

| 발견 |

내 마음 바라보기

> 인생에서 가장 중요한 것은 자기를 발견하는 것이다!
> – 난센(노르웨이의 탐험가 · 정치가)

"아! 병원은 너무 따분해!"

스물한 살의 한 청년이 급성 맹장염에 걸려서 병원에 입원하게 되었어요.

"애야, 이 책이라도 좀 보렴."

청년의 어머니는 무심코 미술에 관련된 책을 건넸어요. 청년은 그 책을 보고 미술의 세계에 푹 빠져 버렸지요.

"내가 좋아하는 일을 이제야 찾았어!"

청년은 새로운 길을 가기에는 다소 늦은 나이였어요. 하지만 자신이 그림을 그릴 때 가장 즐겁고 행복하다는 것을 알게 되었어요. 그래서 밤낮으로 그림을 그리는 일에 몰두했어요.

"그냥 편하게 법률 사무관 일이나 계속하지 그래?"

친구들과 가족들은 청년을 말렸어요.

"어떻게 그림을 포기할 수가 있겠어! 난 마치 그림을 그리기 위해 태어난 사람 같은걸!"

청년은 훗날 프랑스를 대표하는 화가가 되었어요. 미술계의 흐름을 바꿔 놓은 이 위대한 화가의 이름은 '앙리 마티스'예요. 마티스

는 자신의 재능을 늦게 발견했음에도 불구하고 '피카소'와 어깨를 나란히 견주며 현대 미술의 거장이 되었지요. 〈모자 쓴 여인〉, 〈목련 꽃을 든 오달리스크〉, 〈붉은 실내〉 등 마티스는 강렬한 색체를 사용해서 개성이 강한 작품들을 그려 냈어요.

  노인이 된 마티스는 건강이 나빠져서 침대에 누워 생활하게 되었어요. 마티스는 침대에 누워서도 그림을 그리고 싶었어요. 하지만 손이 떨려서 도저히 붓을 잡고 그림을 그릴 수가 없었어요. 그러자, 마티스는 가위를 들고 색종이를 오리기 시작했어요. '싹뚝싹뚝' 잘려진 종이들로 새로운 미술 세계를 창조했어요. 누구도, 어떤 나쁜 상황도 마티스의 그림에 대한 사랑을 막지 못했어요.

  마티스는 자신이 그림을 그릴 때 가장 행복하다는 것을 잘 알았어요. 그래서 그림을 그리는 일에 몰두했고, 화가로서 성공할 수 있었지요.

좋은 습관을 키우는 방법

내 마음 바라보기

거울을 보면 나의 겉모습을 볼 수 있어. 하지만 내 마음을 보기 위해서는 일기장을 봐야 하지. 그런데 왜 내 마음을 보아야 하냐고? 그건 엉뚱한 길로 들어서지 않기 위해서야. 내가 무엇을 좋아하는지 알고, 가고 싶은 목적지를 정해야 즐거운 마음으로 올바른 길을 갈 수 있거든. 내 마음을 바라보며 무엇을 할 때 가장 행복한지 찾아보렴.

나를 찾아 떠나는 여행

① **나만의 비밀 일기를 쓴다**

다른 사람에게 보여 주지 않는 비밀 일기장을 만들어. 그리고 날마다 정말 솔직한 내 마음을 적어 봐. 때때로 정말 나도 몰랐던 내 마음과 마주하게 될 거야.

② **가장 중요한 것은 내 마음이야!**

부모님은 내가 '어떤' 길을 가길 바란다고 말씀하시지. 친구들은 자기는 '무엇'이 되고 싶다고 하기도 하고. 하지만 부모님의 의견이나 친구들의 생각은 참고만 하면 돼. 그리고 내가 정말 하고 싶은 걸 찾아야지.

③ 언제나 기억하기!

나의 꿈을 큼지막하게 적어서 잘 보이는 곳에 붙여 둬. 그럼 마법처럼 그 글자들이 내 마음, 내 운명을 움직여서 꿈을 이루도록 도와 줄 거야.

④ 바로, 지금 시작해!

꿈을 향해 무언가를 하고 있다면 무척 행복해. 그 행복한 일을 나중으로 미룰 필요가 없잖아. 아주 사소한 것이라도 나의 꿈에 도움이 되는 것이라면 지금 시작해. 그리고 꿈으로 향하는 과정을 즐기는 거야.

| 용기 |

002 더 큰 세상으로 나아가기

> 울타리 밖으로 마음을 던져라!
> 그러면 다른 모든 것들이 뒤따라올 것이다.
> – 노먼 빈센트 필(미국의 성직자)

탄자니아 곰비에서 침팬지에 대한 연구가 진행되었어요. 유명한 인류학자인 루이스 리키는 침팬지 연구팀에게 제인 구달을 소개했어요. 제인 구달은 침팬지 연구에 꼭 참여하고 싶었어요. 어렸을 때부터 동물들과 함께 사는 것을 꿈꾸었거든요.

"대학 졸업장도 없는 어린 여자를 데려가라고? 우리가 놀러 가는 줄 아는 거야?"

제인 구달은 연구팀에게 환영을 받지 못했지만, 곰비에서의 연구를 위해 철저하게 준비했어요.

"그 험한 곳에 가는 게 무섭지도 않니?"

제인 구달의 엄마가 물었어요.

"용기를 가져야 원하는 것을 얻을 수 있어요! 현재에 안주하는 겁쟁이로 살고 싶지는 않아요."

구달은 자신의 꿈을 이루기 위해서는 무서울 것

이 없었어요. 구달은 밤마다 맹수의 울음소리가 울려 퍼지는 드넓은 벌판에 자리를 잡았어요.

"야생 침팬지다!"

구달은 침팬지를 관찰하기 좋은 위험한 절벽으로 자리를 옮겨 망원경으로 침팬지를 관찰했어요.

구달은 다른 연구팀보다 더 용감하게, 더 적극적으로 침팬지의 생활 깊숙이 들어갔어요. 결국 구달은 야생 침팬지와 친구가 되었지요.

구달은 침팬지에 대한 놀라운 정보들을 알아 냈어요. 그리고 '침팬지의 어머니'라고 불릴 만큼 세계적인 침팬지 연구가가 되었지요.

더 큰 세상으로 나아가기

지금 지내는 곳은 익숙하고 편안해. 가 보지 못한 곳으로 가는 것은 깜깜한 밤길을 홀로 걷는 것만큼 두렵지. 하지만 용기 있는 사람만이 새로운 세상으로 나아갈 수 있어. 제인 구달처럼 용기를 내서 자신의 꿈을 향해 나아가야 결국 그 꿈을 이룰 수 있는 거야.

내 인생의 용감한 탐험가 되기

① 아는 것이 힘!

미지의 세계에 대한 두려움을 없애는 가장 좋은 방법은 '아는 것'이야. 도전하고 싶지만 용기가 나지 않는다면 그 분야에 대해서 공부해 봐. 점점 자신감이 생겨날 거야.

② 경험이 쌓이면 용기가 생긴다

나쁜 것이나, 위험한 것이 아니라면 무엇이든 경험해 보는 게 좋아. 경험은 용기를 자라게 하는 특효약이거든. 새로운 것들을 많이 경험하게 되면 어려운 일이 닥쳤을 때도 용감하게 대처할 수 있는 순발력이 생겨. 아빠 따라 산에도 가 보고, 엄마 따라 시장에도 가 보고, 친구네 집에도 가 보고, 동물원이나 식물원에도 가 보렴.

③ 용기는 더 큰 용기를 부른다

엄마 뱃속에서부터 커다란 용기를 가지고 나오는 건 아니야. 위험한 상황이나 낯선 상황에 부딪히면 누구나 두려운 마음이 생기게 마련이지. 용감한 사람과, 겁쟁이의 차이는 두려움을 참고 용기를 내느냐, 두려워서 벌벌 떨고만 있느냐에 달려 있어. 작은 용기를 내면 다음에는 더 큰 용기를 낼 수 있는 힘이 생겨. 그러니 두려워 말고, 용기를 내!

④ 친구와 함께라면 용기는 두 배가 된다

선생님 앞에 혼자 서 있으면 어쩐지 더 떨리는 것 같아.
장기 자랑을 할 때에도 혼자는 부끄러워. 하지만 친구들과 함께 한다면 선생님 앞에서도, 장기 자랑을 할 때에도 부끄럽지 않아.
용기가 나지 않는 일이 있다면 마음이 잘 맞는 친구와 함께 하는 것도 좋은 방법이야.

| 인내 |

003 성공을 만들어 내는 마법

타격왕

최우수 선수

> 천재란 인내다!
> – 뷔퐁(프랑스의 박물학자)

"흑인 주제에 야구를 하다니!" 메이저리그에 들어간 최초의 흑인 야구선수였던 재키 로빈슨은 처음에 동료들에게 온갖 무시와 비난을 받았어요.

동료들은 대놓고 로빈슨을 깔보았어요. 야구팬들도 로빈슨의 메이저리그 등장을 크게 반대했지요. 당시에는 백인들의 인종차별이 지금보다 더 심했거든요. 흑인이 메이저리그에 들어갔다는 것 자체가 큰 화제였지요.

하지만 로빈슨은 이 모든 것을 묵묵히

인내의 홈런을 날리겠어!

참아 냈어요. 오로지 실력을 키우고 그것을 발휘하는 것에 집중했지요.

'내가 화를 내고, 누군가와 싸우길 바라겠지. 그래야 흑인은 모두 깡패라고 떠벌릴 수 있을 테니까! 하지만 난 그렇게 하지 않겠어. 난 내 실력을 보여 줄 거야. 난 수많은 흑인 어린이들의 꿈이니까.'

그리고 드디어 로빈슨은 28살에 브루클린 다저스에 입단한 후, 그 해에 신인왕으로 뽑혔어요. 그리고 연이어 '최우수 선수', '타격왕'의 자리에 올랐고 흑인으로서는 처음으로 명예의 전당에 오르게 되었어요.

인내는 로빈슨에게 놀라운 실력을 발휘할 기회를 가져다 주었어요. 로빈슨의 활약을 지켜 본 야구팬들은 인종 차별을 뛰어넘어 열렬한 사랑과 지지를 보냈어요.

로빈슨은 인내야말로 사람들의 비난을 물리치고 성공에 이르게 하는 길이라는 걸 잘 알고 있었답니다.

성공을 만들어 내는 마법

피아노 학원에 다니다가 손가락이 아프다고 포기하고, 태권도장에 다니다가 친구와 다투었다고 그만두면 결국 피아노도, 태권도도 잘할 수 없어. 어떤 일을 하든 분명 힘든 고비가 오게 될 거야. 그럴 때 포기하느냐, 아니면 인내하고 꾸준히 계속하느냐에 따라 성공하는 사람과 실패하는 사람이 정해지는 거야.

아자, 아자! 인내력 키우기

① 왜 꼭 이루어야 할까?

매번 목표를 정하지만 중간에 포기하고 만다고? 그렇다면 왜 그 목표를 이루어야 하는지 이유를 꼼꼼히 적어 봐. 그리고 잘 보이는 곳에 붙여 둬. 포기하고 싶어질 때면 그 이유들을 다시 읽어 보는 거야. 그럼, 다시 열심히 노력하고 싶은 힘이 생길 거야.

② 사람들에게 내 목표를 말한다

사람들에게 내 목표를 말하고 나면 혼자만 생각했을 때보다 더 적극적으로 실천하게 돼. 그리고 나의 목표를 사람들에게 알리면 사람들이 나를 도와 주기도 해. "나, 독서광이 될 거야!"라고 말하면 부모님이 책을 선물해 주실 수도 있고 말이야.

③ 장애물 없애고 시작하기!

자기가 이루고자 하는 것을 시작할 수 있는 적절한 환경을 만드는 것도 중요해. 공부를 하려면 주위를 조용하게 만들고, 책상을 정리하는 등 준비가 필요해. 엄마에게 용돈을 타야 할 때는 먼저 엄마의 기분을 좋게 해 드려야 하는 것처럼 말이야.

④ 스트레스는 금물!

기쁜 마음을 갖는 것이 중요해. 그래야 어떤 어려움이 생겨도 "걱정 마, 잘 될 거야!"라고 할 수 있는 여유가 생기거든. 즐거운 마음은 장애물을 쉽게 건너게 해 주는 날개와 같아.

걱정 마, 잘 될 거야!

적절한 환경도 중요해!

| 도전 |

미지의 세계로 향하기

> 배는 항구에 머물 때 안전하다.
> 하지만 그것은 배의 존재 이유가 아니다!
> – 존 A. 셰드(미국의 교육자)

옛날 사람들은 남극에 지상 낙원이 있다고 상상했어요. 그 때까지만 해도 남극을 여행한 사람이 없었거든요. 그리고 드디어 새로운 땅을 찾아 자기네 영토로 만들려는 세계 강국의 탐험 열풍이 불기 시작했어요.

"남극은 알려지지 않은 미지의 세계야! 남극이 어떤 곳인지 내가 알아 내고야 말겠어!"

영국의 탐험가인 제임스 쿡 선장은 선원들을 이끌고 남극 탐험에 도전했어요.

"선장님! 바다가 두꺼운 얼음으로 뒤덮여서 배가 더 이상 앞으로 나아갈 수가 없습니다!"

선원이 쿡에게 와서 말했어요. 쿡의 눈썹과 수염에는 크고 작은 고드름이 달려 있었어요. 그가 서 있는 갑판 위로는 바닷물조차 얼려 버리는 매서운 칼바람이 불고 있었지요.

"얼음을 깨면서 앞으로 나아가자!"

쿡은 포기하지 않고 계속 도전했어요. 그렇게 조금씩, 조금씩 남극의 중심을 향해 나아갔지요. 하지만 위험은 곳곳에 숨어 있었어요. 빙산에 부딪쳐 배가 부서질 뻔했고, 선원들은 동상에 걸려 손발을 제대로 쓰기 힘들었지요. 하지만 쿡은 포기하지 않고 위험한 상황들을 슬기롭게 헤쳐 나갔어요. 그리고 미지의 세계였던 남극에 대해 많은 귀중한 정보를 얻을 수 있었지요.

제임스 쿡의 도전은 남극에서 끝나지 않았어요. 그는 또다시 북태평양 탐험에 도전했어요. 그리고 태평양의 수많은 섬을 탐험하며 현재의 태평양 지도를 만드는 데 크게 기여했답니다.

미지의 세계로 향하기

제임스 쿡 선장처럼 도전해 보지 않으면 아무것도 얻을 수 없어. 도전에는 반드시 결실이 있어. 처음에 원했던 것이 아니더라도 도전을 통해서 얻은 경험은 다른 도전을 할 수 있는 밑바탕이 되지.

도전을 성공에 이르게 하는 습관

① **실패를 두려워하지 않기!**

도전을 머뭇거리게 하는 것은 실패에 대한 두려움 때문인 경우가 많아. 하지만 아무것도 하지 않는 것보다 실패라도 하는 게 더 나은 것이라는 걸 알아야 해. 높은 산에 오르는 것에 도전했다가 성공한 사람은 많은 것을 배우고 느꼈을 거야. 그리고 도전했다가 절반 밖에 오르지 못하고 실패한 사람은 그 산에 대해서 절반만큼은 배우고 느낄 수 있지. 하지만 도전조차 하지 않은 사람은 그 산에 대해서 아무것도 알 수 없어.

② **도전 목록 작성하기!**

내가 도전하고 싶은 목록을 작성해 봐. 멍하니 있으면 도전할 기회가 와도 그 기회를 멍하니 흘려 보내게 돼. 그러니까 평소에 도전하고 싶은 목록을 작성하고, 그 기회가 오면 꽉 잡는 거야. 그리고 가만히 기다리기보다는 스스로 도전할 수 있는 상황을 만드는 것도 좋아.

③ 도전 일지 쓰기!

도전이 하루 이틀에 끝나지 않는 것이라면 도전을 시작해서 진행되는 과정을 적어 보는 것도 좋아. 제임스 쿡도 자신의 항해 일지를 작성했잖아. 그래야 지난 일에 대해서 반성하고 앞으로의 방향도 바로잡을 수가 있어.

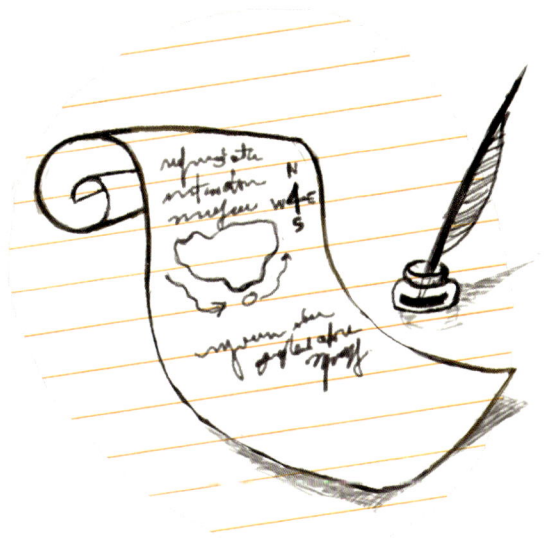

④ 능동적인 마음 갖기!

누가 등을 떠밀어야 겨우 실천하는 사람이라면 도전왕이 되기 힘들어. 수업 시간에도 선생님의 질문이나 부탁에 "저요, 저요!" 하고 손을 들어 봐. 그러면 나를 보는 선생님의 시선이 한결 부드러워질 거야. 사람들은 용감하게 도전하는 자에게 응원을 보내는 법이거든.

|열정|

005 무엇이든 이루어 내는 열정

> 위대한 것 치고 열정이 없이 이루어진 것은 없다!
> – 에머슨(미국의 사상가·시인)

오래 전 사람들은 무용에 대한 고정관념을 가지고 있었어요. 전통적인 발레 신발을 신고, 발레 옷을 입고, 고난위도의 발레 동작을 하는 것만이 수준 높은 무용이라고 생각했지요.

"춤에 재능이 있으니 발레를 해 보는 게 어때?"

사람들이 덩컨에게 제의했어요.

"싫어요! 저는 발레보다는 저만의 춤을 출 때가 더 행복해요!"

이사도라 덩컨은 가슴 속에 활활 타오르는 열정으로 자신만의 특별한 것을 창조해 내고 싶었어요.

덩컨은 고정관념의 틀을 깨고 자신만의 무대를 만들었어요.

덩컨이 만들어 내는 무대는 열정, 그 자체였어요. 클래식, 문학 등 온갖 예술 분야에 즉흥적으로 가슴 속에서 뿜어져 나오는 열정적인 춤을 더해서 완전히 새로운 것을 만들어 냈어요.

비평가들은 처음에는 덩컨의 충격적인 무대에 어떤 판단을 내려야 할지 몰라 난감해했어요. 하지만 대중들은 난생 처음 보는 이 파격적인 무대에 금세 빠져들었지요.

"춤을 추고 있는 이사도라 덩컨은 마치 열정의 여신 같아!"

각국의 유명한 무용가들도 이사도라 덩컨의 무대를 보고 감격과 환희에 찼어요.

덩컨은 최초로 창작 무용을 수준 높은 경지로 끌어올린 무용가가 되었어요. 그것은 20세기 현대 무용의 화려한 시작이었답니다.

이사도라 덩컨은 춤을 추기 위해 따로 시간을 낼 필요가 없었어요. 마음 속에 있는 열정으로 이미 자기도 모르게 춤을 추고 있었으니까요.

좋은 습관을 키우는 방법

무엇이든 이루어 내는 열정

열정은 탐스러운 열매를 만들어 내는 태양과 같아. 따뜻한 햇볕으로 세상의 모든 식물과 동물이 자라듯, 열정으로 인해 우리는 멋진 어른으로 자라날 수 있어. 열정은 사람들로 하여금 무언가 이루어 내도록 하거든.

활활 타오르는 열정 만들기

① 깊이 있게 즐기기!

나를 즐겁게 하는 일이 있다면 조금 하다 그만두지 말고 좀더 깊이 있게 접해 봐. 그림을 그리는 것이 좋아도 조금 하다 말면 열정을 끌어 내기가 어려워. 좀더 끈기를 가지고 열심히 그림을 그렸을 때 비로소 아름다운 열정이 발휘될 수 있어.

② 열정적으로 살아가는 사람과 함께하기!

열정적으로 살아가는 사람의 모습을 보면 닮고 싶어져. 그러니까 자기 일에 열정적으로 노력하는 사람을 가끔 만나 봐. 그게 어렵다면 위인의 이야기를 읽어 보는 것도 도움이 돼. 성공한 사람들 중에 자기 일에 열정이 없는 사람은 없다는 걸 알게 될 거야.

③ 놀 때도 열정적으로!

놀 때 열정적으로 놀아야 스트레스가 확 풀려. 그러니까 놀 때는 공부 걱정 말고 열심히 놀아. 그래야 나중에 공부도 열심히 하고, 피아노, 태권도, 미술 등 자기가 좋아하는 것도 열정적으로 할 힘이 생겨나니까.

④ 좋아해야 해!

이사도라 덩컨이 열정적으로 춤을 추어서 사람들에게 감동을 줄 수 있었던 것은 덩컨이 춤을 무척 좋아했기 때문이야. 내가 좋아하는 것이 무엇인지 찾고, 그것에 집중하면 열정이 생겨날 거야.

| 자신감 |

006 나는 할 수 있다

> 할 수 없다고 생각하는 것은 하기 싫다고 다짐하는 것!
> 그러므로 그것은 실행되지 않는다.
> – 스피노자(네델란드의 철학자)

크라이슬러는 어려서부터 기계를 좋아했어요. '째깍째깍' 움직이는 시계 바늘을 가만히 들여다보던 크라이슬러는 궁금증을 참지 못하고 시계를 분해해 보기도 했지요.

세월이 흘러 크라이슬러는 증기기관차 기술자가 되었어요.

"자동차 전시회가 열린다는군!"

크라이슬러는 친구의 말에 귀가 솔깃했어요.

"그래? 무슨 일이 있어도 꼭 가봐야겠군!"

크라이슬러는 자동차 전시회가 열리는 날을 손꼽아 기다렸어요.

"우와!"

크라이슬러는 자동차 전시회장에서 입을 다물지 못했어요. 반짝이는 신형 자동차들이 멋진 자태를 뽐내고 있었지요.

'내 손으로 멋진 자동차를 만들고 말 거야! 다른 사람들도 하는데 나라고 못하겠어?'

크라이슬러는 자신감을 갖고 바로 실천으로 옮기기 위해 자동차를 샀어요.

"자동차가 어떻게 만들어져 있는지 분해해 보고 그보다 더 멋진 자동차를 만들 거야!"

느닷없이 자동차를 만들겠다니 모두들 말도 안 되는 소리라고 했지요. 하지만 크라이슬러는 자기 자신을 믿었어요.

크라이슬러는 한동안 자동차에 푹 빠져 살았어요. 자동차에 대해 더욱 자신감을 갖게 된 크라이슬러는 자동차 회사로 직장을 옮겼고, 결국 '크라이슬러'라는 자신의 이름을 건 세계적인 자동차 회사를 만들어 냈답니다. 할 수 있다는 자신감이 크라이슬러의 꿈을 이루어 준 것이지요.

좋은 습관을 키우는 방법

나는 할 수 있다

'나는 할 수 없을 거야.'라고 생각하고 어떤 것을 시작하면 정말 할 수 없게 돼. 난 그림을 못 그릴 거라고 생각하면 그림에 흥미도 안 생기고 괜히 주눅만 들어. 심지어 그림을 그리는 것이 싫어지기까지 하지. 하지만 나는 그림을 잘 그릴 수 있다는 자신감을 가지고 그림을 그리다 보면 그림을 그리는 것이 재미있어서 오랜 시간 열중하게 돼. 그러다 보면 저절로 실력도 착착 쌓이게 되지.

자신감 나와라, 뚝딱!

① 내가 잘하는 것들 생각하기!

누구나 잘하는 것이 있게 마련이야. 말을 잘하는 사람도 있고, 노래를 잘하는 사람도 있지. 나의 장점을 늘 기억해 두라고! 그러면 못 하는 것이 있더라도 자신감을 갖을 수 있어.

② 모두 다 잘할 수는 없어!

내가 못 하는 것을 누가 시킨다고 해서 기죽을 필요 없어. 그냥 못 한다는 것을 인정해. 누구나 모든 것을 잘할 수는 없는 법이야. 사람들 앞에서 노래를 불러야 할 상황인데 음치라고? 그렇다면 그냥 내 마음대로 부르는 거야. 친구들이 웃는다면 더 좋은 일이지. 노래를 불러서 개그맨처럼 사람들을 즐겁게 하는 것도 대단한 능력이니까. 그리고 노래를 못 한다고 다른 것도 다 못 하는 것은 아니야.

③ 조금씩 발전하기!

잘하고 싶은 것을 못 한다고? 그렇다면 연습을 통해서 조금씩 나아지도록 해 봐. 당장은 잘하지 못해도 언젠가는 잘할 수 있을 거라는 믿음이 나에게 자신감을 불어넣어 줄 거야.

④ 큰 소리로 말하기!

말을 할 때 기어들어가는 작은 소리로 말하다 보면 마음이 더 쪼그라들어. 그러니까 당당하게 큰 소리로 또박또박 말해 봐.

|긍정|

007 희망을 현실로 만드는 주문

> 낙천주의는 성취에 이르는 신념이다.
> – 헬렌 켈러(미국의 사회사업가)

"얘야, 난 너를 돌볼 힘이 없구나! 미안하다!"

가브리엘 가르시아 마르케스의 아버지가 말했어요. 어린 마르케스는 가난한 부모를 떠나 할아버지, 할머니와 살아야 했어요. 할아버지 할머니는 마르케스가 혹시 상처를 받아 우울한 아이가 되지 않을까 걱정이 되었어요. 하지만 마르케스는 씩씩했어요.

"할머니! 재미있는 이야기해 주세요!"

마르케스는 할머니와 할아버지를 졸라서 날마다 재미있는 이야기를 들었어요. 어려서부터 긍정적인 성격이었던 마르케스는 어떤 상황에서도 행복하게 지내는 법을 알고 있었지요. 할아버지, 할머니에게 수많은 이야기를 들으며 상상력을 키운 마르케스는 커서 콜롬비아를 대표하는 세계적인 작가가 되었어요.

하지만 마르케스의 소설이

처음부터 인기를 얻었던 것은 아니에요. 초기에 출간한 책들은 별다른 호응을 얻지 못했어요. 게다가 마르케스가 일하던 신문사가 문을 닫게 되어서 마르케스는 굶어 죽을 지경이었어요. 하지만 그러한 상황 속에서도 마르케스는 긍정적으로 생각했어요.

"와! 오늘은 운이 좋은걸! 병을 이렇게나 많이 줍다니!"

마르케스는 병을 주워 가며 소설 쓰기에 열중했어요. 신문사가 망해서 소설 쓰기에 열중할 시간이 많아져 오히려 다행이라고 생각했어요. 무너져 가는 허름한 집 안에서 소설에 열중하는 시간이 달콤하기까지 했지요.

마르케스는 오랜 시간 노력한 끝에 세상에 강력한 바람을 일으킬 소설을 내놓았어요. 그것이 바로 마르케스에게 노벨문학상을 안겨 준 《백 년 동안의 고독》이지요.

마르케스는 어떤 상황에서도 긍정적인 마음으로 자신이 진짜로 하고 싶은 일에 열중했어요. 그러한 긍정적인 생각이 훌륭한 작품을 만드는 원동력이 되었답니다.

좋은 습관을 키우는 방법

희망을 현실로 만드는 주문

힘들 일이 생기면 사람들은 그것에 집중해서 슬픔에 빠져들고는 해. 하지만 마르케스는 슬픈 것에 집중하지 않았어. 어떤 상황에서도 희망을 찾아 내는 긍정적인 성격을 가지고 있었거든. 그러한 긍정의 힘이 마르케스에게 희망을 실현시켜 주는 마법을 건 거야.

긍정적인 사람들의 습관

① **자세가 긍정을 만든다**

어깨를 축 늘어트리고, 한숨을 푹푹 쉬는 습관을 가지고 있다면 긍정적인 생각을 갖기 힘들어. 자세가 마음을 만드는 거야. 가슴을 쫙 펴고 당당하게 걸으면 당당한 마음이 생기고, 기운을 쭉 빼고 터덜터덜 걸으면 마음도 힘이 빠지게 되지.

② **아침에 일어나면 거울을 보며 웃는다**

아침에 눈을 뜨면 거울을 보며 '다 잘 될 거야!'라고 주문을 걸어. 오늘 계획한 일들이 잘 되어 가는 상황을 상상해 봐. 그러면 기분도 좋아지고 긍정적인 마음이 될 거야. 그렇게 힘차게 하루를 시작하면 우울한 걱정으로 시작했을 때보다

훨씬 더 좋은 일이 많이 생길 거야.

③ 자기 자신을 믿는다

자신을 믿어야 긍정적인 마음이 생기기 쉬워. 내가 잘하는 것들을 정확히 알고 그것이 언젠가는 빛을 보리라고 믿어야 해. 그래야 사람들의 말에 휘둘리지 않고, 언제나 밝게 웃는 긍정적인 사람이 될 수 있어.

④ 사소한 것에 신경 쓰지 않는다

긍정적인 사람들의 공통적인 특징은 사람들의 사소한 말이나 행동에 신경 쓰지 않는다는 거야. 그러한 것들에 신경 쓰기 시작하면 마음의 평화를 지키기 어려워. 언제나 가장 중요한 것을 생각해. 그 외에 작은 일들은 너무 고민하지 마.

|공포|

자기가 만든 두려움

> 인생의 어떤 것도 두려움의 대상이 아니다.
> 단지 이해해야 할 대상일 뿐이다.
> – 마리 퀴리(프랑스의 물리학자)

"내가 루게릭병에 걸리다니……."

누구보다 건강했던 스티븐 호킹은 캠브리지대학교 대학원에 다니는 우수한 인재였어요. 어느 날 그는 갑자기 몸이 이상하다는 것을 느꼈어요. 그리고 자신이 몸이 점점 굳어지다가 결국에는 죽음에 이르는 루게릭병에 걸렸다는 사실을 알게 되었어요. 죽음이 스티븐 호킹의 눈앞에 다가와 있었지요.

호킹은 질병과 죽음이 무척 두려웠어요. 그래서 자신이 그토록 사랑하던 물리학에 대한 흥미조차 잃어버리고 좌절하고 말았어요.

"얼마 있으면 죽을 목숨인데 연구는 무슨 연구야! 우주가 어떤 진실을 가지고 있든 그게 나랑 무슨 상관이야!"

호킹은 슬픔에 빠져 괴로운 나날을 보냈어요. 호킹의 앞날에는 정말 죽음 밖에 남은 것이 없어 보였지요. 하지만 호킹의 눈앞에 기적 같은 일이 벌어졌어요. 제인 와

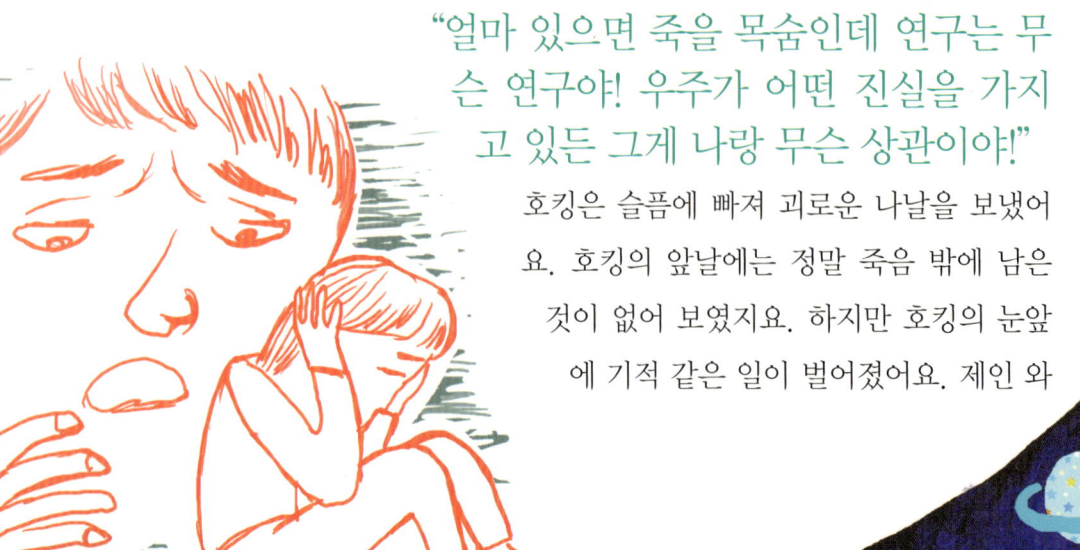

일드와 사랑에 빠지고 만 것이지요. 제인 와일드는 호킹에게 용기를 불어넣어 줬어요. 그리고 멋지게 살고픈 의지를 갖게 했지요.

'그래, 남은 인생을 공포에 휩싸여 보내고 싶지 않아. 내게 남은 시간이 얼마이든, 난 내가 원하는 일을 하고, 내가 사랑하는 사람을 열심히 사랑할 거야. 공포는 내가 만드는 거야. 내가 사랑에 빠진 순간 공포는 이미 내 것이 아니라고.'

스티븐 호킹은 제인 와일드와 결혼을 했어요. 몸은 점점 굳어 가고 나중에는 목소리조차 잃었지만 호킹은 수많은 연구와 논문, 그리고 《시간의 역사》라는 책을 통해서 자신의 천재적인 물리학 이론을 세상에 내놓았어요. 그는 아인슈타인을 잇는 위대한 과학자가 되었어요. 그리고 사랑의 힘과 물리학에 대한 열정으로 죽음조차 극복하고 수십 년간 연구를 계속하고 있답니다.

자기가 만든 두려움

모든 감정을 자기 마음이 만들어 내듯이 공포도 자기가 만들어 내는 거야. 어떠한 경험에 의해, 아니면 자신감을 잃어서 공포의 감정을 느끼게 되지. 누구나 공포의 감정을 느껴. 하지만 공포의 감정을 안고 살아가는 사람과 공포의 원인을 찾아 그 원인을 해결하는 사람 사이에는 큰 차이가 있지.

공포를 물리치는 방법

① 공포감을 느끼게 하는 것을 멀리한다

무서운 영화나 잔인한 영화, 그림 등은 되도록 보지 않는 게 좋아. 그리고 자신이 공포감을 느끼는 것을 멀리할 수 있으면 멀리해.

② 공포감을 느끼게 하는 원인을 찾는다

자기가 무서워하는 것이 정확하게 무엇인지 생각해 보고, 그것이 지금 나를 해치거나 위협할 수 있는지 생각해. 그러면 대부분의 경우 그렇지 않다는 것을 알게 돼. 아무리 예전에 위협을 받은 경험이 있다 하더라도, 지금 나를 해칠 수 없는 존재를 두려워할 필요는 없어.

③ 즐거운 것으로 관심을 돌린다

슬프거나 무서운 것들은 또 다른 슬프고 무서운 것들을 생각나게 해. 밝고, 기쁘고, 즐거운 것들은 또 다른 밝고, 기쁘고, 즐거운 것들을 생각나게 하지. 그러니 재미난 생각, 즐거운 생각에 집중해.

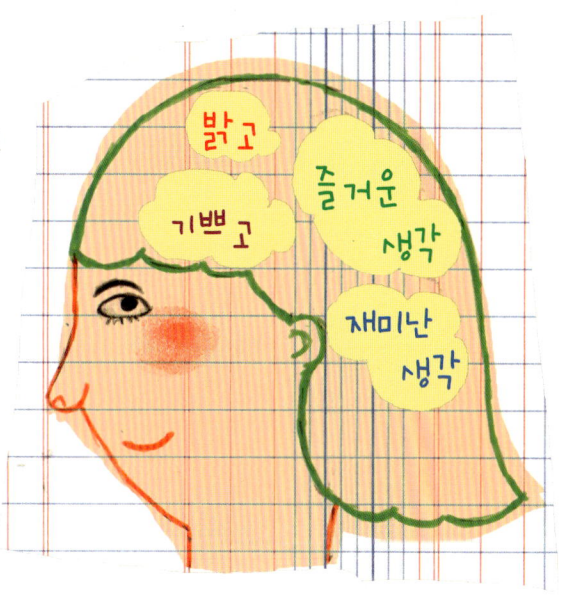

④ 몸을 건강하게 한다

몸이 약해지면 더 예민해지고 자신감이 없어져서 더 심한 공포를 느끼게 돼. 잠을 푹 자고, 밥도 잘 먹고, 운동도 한다면 공포감이 많이 사라질 거야.

|집중|

009 힘을 한 곳으로 모으기

> 정해진 시간을 한 가지 방향으로만 사용하고
> 한 가지 목표에만 집중한다면 성공할 것이다.
> – 토마스 에디슨(미국의 발명가)

스티븐은 유태인이라는 이유만으로 아이들에게 따돌림을 당했어요. 스티븐의 아버지는 그런 아들이 안쓰러워서 작은 비디오카메라를 사 주었어요. 친구도 없이 외롭게 지내던 스티븐은 비디오카메라에 푹 빠져들었어요.

"아빠, 난 영화감독이 될 거예요."

스티븐은 열두 살 때 이미 꿈을 정했어요.

"넌 아직 꼬맹이니까 꿈이 몇 번이나 바뀔 거야."

아버지는 신문을 보며 대수롭지 않게 대답했어요. 하지만 아버지의 생각이 빗나갔어요. 스티븐의 꿈은 그 후로 바뀌지 않았거든요. 스티븐은 시간만 나면 영화를 보고, 시나리오를 쓰고, 비디오카메라로

촬영을 했어요.

"스티븐! 너는 어쩜 다른 아이들과는 놀지도 않고 그렇게 영화만 보고 있니?"

엄마가 걱정스러운 표정으로 스티븐에게 물었어요.

"난 영화가 제일 좋아요."

오직 영화에만 몰두한 스티븐은 스물한 살이 되는 해에 〈엠블린〉이라는 단편 영화로 사람들에게 인정을 받게 되었어요.

얼마 후, 스티븐 스필버그는 20세기를 대표하는 세계적인 감독으로 성장했어요. 〈ET〉, 〈쥐라기 공원〉처럼 상상력이 돋보이는 환상적인 영화는 물론 〈쉰들러 리스트〉, 〈라이언 일병 구하기〉 등 사회적인 문제를 다룬 영화들도 사람들에게 커다란 갈채를 받았어요.

스티븐 스필버그는 오랜 시간 동안 한 가지 일에 집중해서 열심히 노력한 덕분에 아카데미상을 휩쓸며 영화계의 큰 별이 되었답니다.

크하하하

라이언 일병을 구하라!

힘을 한 곳으로 모으기

똑같은 시간이 주어진다면 여러 개의 우물을 파는 사람보다 한 개의 우물을 파는 사람이 훨씬 더 깊게 팔 수 있어. 그래야 맑은 물을 얻을 수 있지. 무언가 간절히 하고 싶다면 그것에 집중해야 해. 하고 싶은 것들을 모두 다 하면서 내 큰 꿈도 이루기란 쉽지 않거든.

집중력 키우기

① 가장 중요한 것이 무엇인지 안다

내가 지금 집중해야 할 가장 중요한 것이 무엇인지 알아야 해. 항상 정신을 맑게 하고 내 마음과 내 상황에 집중을 하면 내가 가장 하고 싶은 것, 내게 가장 중요한 것이 보일 거야.

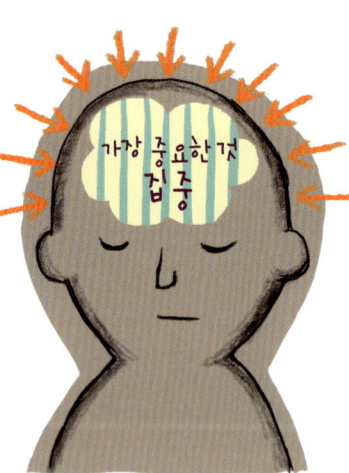

② 집중을 방해하는 것을 정리한다

발레리나가 되고 싶은데 고운 발을 갖고 싶다는 것, 선생님이 되고 싶은데 공부는 하기 싫고 놀고 싶다는 것, 축구 선수가 되고 싶은데 하얀 얼굴을 갖고 싶다는 것 등 자기의 꿈에 방해가 되는 것들에서 마음을 거두어서 나의 꿈에 그 힘을 모두 실어 줘야 해.

③ 호기심도 하나로 모으기!

하고 싶은 것도, 궁금한 것도 많은 때라 수많은 호기심이 생겨날 거야. 그럴 때 이 호기심을 네가 하고 싶은 일에 집중해 보렴. 시간이 지날수록 네가 하고자 하는 일에 대해 많은 것을 알게 되고, 네 꿈에 점점 더 가까워지게 될 거야.

④ 집중하는 시간을 체계적으로 관리한다

컨디션이 좋을 때 필요한 일에 집중해. 그래야 효과를 높일 수 있어. 또, 매일 일정 시간을 정해 두고 집중을 하되 처음에는 조금씩 하다가 점점 시간을 늘리는 게 좋아. 그러면 집중할 수 있는 시간도 점차 늘어날 거야.

|만족|

010 긍정의 힘이 발휘되는 순간

> 불행한 사람은 갖지 못한 것을 사랑하고
> 행복한 사람은 갖고 있는 것을 사랑한다.
> - 하워드 가드너(미국의 교육심리학자)

"나의 좋은 목소리를 마음껏 발휘할 거야!"

루치아노 파바로티는 세계적인 성악가예요. 어려서부터 노래 부르는 것을 좋아했지요. 하지만 체계적인 교육을 받을 기회가 없었어요. 부모님이 무척 가난하셨기 때문에 성악가를 꿈 꿀 수 없었거든요.

'난 몸도 건강하고, 이렇게 심심하면 마음껏 노래를 부를 수도 있으니 정말 다행이야.'

루치아노는 무척 긍정적인 아이였어요. 주어진 환경에서 최대한 기쁘게 지내는 법을 알고 있었지요. 무엇이든 기쁜 마음으로 즐기던 루치아노는 운동도 노래도 무척 잘했지요.

루치아노는 부모님에게 도움이 되기 위해 수입이 안정적인 직업을 가져야 했어요. 그래서 사범대를 졸업하고 선생님이 되었어요. 얼마 동안 교사를 하던 루치아노는 어느 날 결심을 했어요.

"나에게는 좋은 목소리가 있어. 내가 가진 것을 마음껏 발휘해 보고 싶어!"

루치아노는 교사를 그만두고 몇 년 동안 성악에 매달렸어요. 평범한 사람이었다면 제대로 된 정식 음악 교육을 받지 못해 재능을 일찍 펼치지 못한 것을 불평했을 거예요. 하지만 루치아노는 누구도, 어떤 상황도 원망하지 않았어요. 다만 자기가 가진 재능에 감사하고 그 재능을 늦게라도 발휘하려고 힘껏 노력했지요.

그렇게 해서 루치아노 파바로티는 카루소의 뒤를 이어 세계가 열광하는 성악가가 될 수 있었답니다.

좋은 습관을 키우는 방법

긍정의 힘이 발휘되는 순간

불평을 하면 모든 일에 짜증이 나고 싫어져. 성공한 사람 치고 불평을 입에 달고 다니는 사람은 없어.

몸과 마음이 편안하게 쉬게 되면 창의력이 높아진다고 해. 만족하는 마음을 가지면 몸과 마음이 편안해지면서 좋은 아이디어들이 떠오르기 쉽지. 만족하는 것은 새로운 나를 만들 수 있는 긍정적인 힘이 생기게 해.

내가 가진 것에 만족하는 법

① 다른 사람과 비교하지 않는다

내가 작은 카세트를 가지고 있는 것에 만족하다가도 친구가 가진 값비싼 오디오를 보면 내가 가진 것과 비교하며 샘을 내기 쉬워. 그러면 얼마 전까지 멋져 보이던 카세트가 초라하게 느껴지지. 다른 사람이 가진 것과 내가 가진 것을 비교하기보다는 내가 가진 것의 소중함을 생각하고 만족해야 해.

② 나를 좋아한다

가슴 깊이 나를 좋아해야 해. 나의 미운 모습도, 고운 모습도! 그러면 내가 가진 모든 것들이 소중하게 느껴지고 만족스러운 마음을 갖게 될 거야.

③ 앞으로 살아갈 날을 세어 본다

사람들에게 가장 공평하게 주어진 것이 시간이야. 시간이 있으면 무엇이든 할 수 있지. 생각해 봐. 우리에게는 엄청나게 많은 시간이 남아 있어. 우리에게 주어진 시간에 만족하고 그 시간을 소중하게 쓰느냐, 주어지지 않은 것에 불평하며 시간을 보내느냐에 따라 미래가 결정되지.

④ 내가 가진 것을 발전시켰을 때의 모습을 상상한다

내가 가진 것의 가능성을 보는 거야. 안목이 있는 사람이라면 지금의 모습을 보지 않고 미래의 모습을 보는 법이거든. 미래의 모습은 내가 노력하기에 달린 거니까 남보다 덜 가졌다고 투덜거릴 일이 아니지.

|즐거움|

011 세상 모든 것을 즐겨라

> 행복의 비결은 즐거움을 얻기 위해 노력하는 것이 아니라
> 노력 그 자체에서 즐거움을 발견하는 것이다.
> – 앙드레 지드(프랑스의 소설가)

"요 조그만 것들이 뭐가 이렇게 바쁜 거지? 줄지어서 어디로 가는 거지? 땅 속에는 어떻게 집을 지어 놓았을까?"

어린 베르나르는 마당에 쪼그리고 앉아 개미들의 움직임을 한참 동안 살폈어요. 시간 가는 줄도 모를 만큼 개미들의 움직임은 흥미로웠어요.

베르나르는 그것이 즐거워 어린 시절부터 개미에 몰두했어요. 틈만 나면 개미를 관찰하다가 나중에는 개미 왕국을 유리 상자에 담아 집 안으로 옮겨 왔어요.

그리고 20대 초에는 육식 개미들을 관찰하기 위해서 아프리카로 여행을 떠났어요. 아프리카에서 개미 떼에 온몸이 뒤덮여 죽을 고비를 맞기도 했지만 개미를 관찰하는 일은 여전히 가장 큰 즐거움이었어요.

베르나르는 오랫동안 개미를 관찰하면서 개미에 관한 글을 쓰고 싶다는 생각이 들었어요. 과학부 기자 일을 하기도 했지만 얼마 안 되

는 지면에 개미에 관한 이야기와 상상력을 풀어 놓기란 어려운 일이었지요.

　베르나르는 개미에 관한 소설을 쓰기로 결심했어요. 12년에 걸쳐 120번을 고쳐 가며 소설을 완성했어요. 한 이야기를 120번이나 고친다는 것은 수도승들이 도를 닦듯 무척 어려운 일이었지만 베르나르에게는 재미있는 놀이와 같았어요. 자신이 관찰하고 연구한 것에 상상력을 덧붙여 새로운 이야기를 만드는 것이 무척 즐거웠어요.

　이렇게 해서 태어난 소설 《개미》는 프랑스뿐만 아니라 전세계적으로 열광적인 인기를 얻게 되었어요. 베르나르가 개미에 대한 연구를, 그리고 개미에 대한 글쓰기를 즐기지 않았다면 불가능한 일이었지요.

　베르나르는 지금도 자신이 즐거워하는 글 쓰는 일을 하며 즐거움이 될만한 새로운 것이 무엇이 있을지 주위를 살펴보고 있답니다.

줄지어서 어디로 가는 거지?

좋은 습관을 키우는 방법

세상 모든 것을 즐겨라

우리 조상들은 힘든 농사일을 할 때면 노래를 부르곤 했어. 노동을 할 때 부르는 노래들을 노동요라고 하는데 지방마다 특색을 가진 흥겨운 노동요들이 있지. 우리 선조들은 어려운 일도 노래를 부르면서 즐겁게 하면 한결 수월해진다는 것을 알고 있었던 거야.

즐거운 세상 만들기

① 내가 즐겁게 할 수 있는 일을 찾는다

모든 사람들이 같은 것에서 즐거움을 얻는 것은 아니야. 저마다 좋아하는 것, 즐거운 것이 다르지. 그러니 내가 진짜 즐길 수 있는 게 무엇인지 찾아야 해.

② 꼭 해야 하는 일이라면 즐겁게 할 수 있는 방법을 찾는다

내가 즐거워하는 일만 하고 살기란 어려워. 때로는 정말 하기 싫은 일, 힘든 일도 해야 하는 경우가 생기지. 이럴 때는 보다 즐겁게 할 수 있는 방법을 찾아보는 거야. 공부가 너무너무 하기 싫을 때도 공부를 즐길 수 있는 방법을 찾아보는 거야. 암기할 것을 노래로 만들거나 친구와 수학 문제 풀기 내기를 하는 등 다양한 방법들이 있지.

③ 여럿이 함께 하면 더 즐겁다

사람들은 혼자 있을 때보다 마음에 맞는 사람들과 있을 때 더 큰 즐거움을 느껴. 그러니 때로는 사람들과 함께 무언가를 하는 것도 좋겠지? 여러 사람의 생각이 더해졌을 때 더 효과적인 일이라면 혼자 하는 것보다는 여럿이 함께 하는 게 더 즐거워.

④ 즐거운 상상을 하면 현실도 즐거워진다

내가 하고 있는 일에 대해 긍정적이고 즐거운 상상을 해 보는 거야. 내가 피아노를 30번까지 쳐야 성에 갇힌 공주님을 구할 수 있다는 상상, 책 속의 주인공들이 내 친구라는 상상, 학교 선생님이 사실은 마법 학교의 마법 선생님이었다는 상상. 이런 상상들을 하면 무엇을 하든 좀더 즐거워질 거야.

| 경험 |

012 나를 성장시키는 영양분

> 삶은 경험의 묶음이고, 경험은 우리를 한층 위대하게 만든다!
> – 헨리 포드(포드 자동차 회사의 설립자)

헤밍웨이는 제1차세계대전이 일어나 운전병으로 복무하던 중 다리에 부상을 입고 육군 병원에 입원하게 되었어요.

"저기 창가에 있는 간호사의 이름이 뭐예요?"

헤밍웨이는 눈부시게 빛나는 한 간호사를 보고 한눈에 반해 버렸어요.

"아! 저 간호사? 아그네스야. 아주 친절하고 다정한 사람이지!"

옆에 누워 있던 부상병이 말했어요.

헤밍웨이는 아그네스에게 자신의 마음을 적극적으로 표현했어요. 아그네스도 순수하고 열정적인 청년인 헤밍웨이가 마음에 들었어요. 헤밍웨이는 어느 날 갑자기 꿈처럼 찾아온 아름다운 사랑으로 전쟁과 부상의 고통을 잊을 수 있었어요.

하지만 그 달콤한 행복도 잠시였어요. 헤밍웨이보다 일곱 살이나 많았던 아그네스는 얼마 지나지 않아 헤밍웨이와 헤어지길 원했어요. 헤밍웨이는 휴전이 되어 이별의 상처

를 안고 귀국해야 했어요.

'벌써 오랜 시간이 흘렀지만 전쟁도, 아그네스도 너무나 생생해.'

전쟁도, 부상도 아그네스와의 이별도 무척 힘들었지만 그 경험들은 헤밍웨이에게 많은 생각과 감정들을 일깨워 주었어요.

헤밍웨이는 자신의 경험을 소설로 썼어요. 그것이 바로 《무기여 잘 있거라》라는 소설로 헤밍웨이를 세계적인 작가로 우뚝 서게 한 작품이지요.

헤밍웨이는 그밖에도 자신의 많은 경험을 훌륭한 글로 표현해 냈어요. 《누구를 위하여 종은 울리나》는 스페인 내전에 참가했을 때 구상한 것이에요. 그리고 쿠바의 바닷가에서 지냈던 경험을 통해서 《노인과 바다》라는 대작을 탄생시켰지요. 《노인과 바다》로 노벨문학상과 퓰리처상까지 받게 되었어요.

헤밍웨이는 많은 경험이 자신의 삶을 풍성하게 만들어 준다고 생각했어요. 그래서 거친 세상도 두려워하지 않고 온몸으로 뛰어들어 넓은 세상을 경험하는 일에 몰두했답니다.

좋은 습관을 키우는 방법

나를 성장시키는 영양분

시간이 지나면 우리는 저절로 어른이 되어 있을 거야. 하지만 어떤 어른이 되어 있느냐가 중요하지. 단순히 나이만 먹은 철없는 어른이 되고 싶지 않다면, 생각이 튼튼하게 자라도록 나에게 특별한 영양분을 듬뿍 주어야 해. 경험이 바로 그 특별한 영양분이야!

효과적으로 경험하는 방법

① 훌륭한 간접 경험, 책!

직접적인 경험을 하는 데에는 한계가 있어. 하지만 책이 있어 다행이야. 책을 보면 바다 속뿐만 아니라, 우주, 미래, 과거, 어디든 여행할 수 있어. 책은 우리가 짧은 시간 안에 효과적으로 세상을 경험할 수 있게 해 주지.

② **배움의 즐거움!**

배울 수 있을 때 모두 배우는 게 좋아. 무엇을 배우든 그것은 다른 무언가를 배우거나 경험하는 데 도움이 되거든. 이미 많은 것을 아는 사람이 새로운 것도 빨리 습득하는 법!

③ **남다른 시각으로 경험하기!**

이왕이면 나만의 색다른 시각으로 바라보는 건 어떨까? 똑같이 수영 시간을 경험하고 있더라도 나만의 수영 방법을 만들어 보거나, 미래의 수영복은 어떤 모양일지 상상해 보는 거야. 똑같은 시간도 너에게는 특별한 시간이 되겠지?

④ **보고, 느끼고, 정리하기!**

경험을 통해서 보고, 느꼈다면 정리하는 습관을 들이는 게 좋아. 오늘의 경험이 내일의 밑거름이 될 수 있도록 말이야. 오늘의 경험을 되돌아보고, 반성도 하고, 새로운 계획도 세워 보는 거야.

|성실|

013 재능을 앞서는 **성실**

> 오늘 할 수 있는 일에 전력을 다하라.
> – 뉴턴(영국의 물리학자)

샘 월튼의 집은 가난했어요. 그래서 샘은 어려서부터 아르바이트를 해야 했어요.

"샘, 고등 학교를 보내 줄 수 없어서 미안하구나!"

샘의 부모님은 눈시울을 적셨어요. 하지만 샘은 슬퍼하지 않았어요.

"걱정 마세요! 저에게는 성실한 두 다리가 있잖아요!"

샘은 아르바이트를 해서 학비를 벌어 가며 고등 학교에 다녔어요.

"샘! 피곤하지 않니?"

샘의 친구가 물었어요. 샘은 수업이 끝나기가 무섭게 아르바이트를 하러 달려갔거든요.

"괜찮아! 이제 일이 몸에 익숙해져서 일을 안 하면 그게 더 어색하다니까!"

샘은 무슨 일을 하든 성실하게 해 나갔어요. 모든 사람에게 시간이 똑같이 주어지지만 성실한 사람은 게으른 사람보다 몇 배나 많은 일들을 해 낼 수 있다는 것을 알고 있었지요.

샘은 어려서부터 물건을 내다 파는 일에 익숙해서 대학에서도 경영학을 공부하게 되었어요. 그리고 샘은 대학을 졸업한 후 장사를 하기로 마음먹었어요. 처음에는 그저 작은 슈퍼마켓을 열 생각이었지요.

샘은 자신의 상점을 열기 전에 무척 바쁘게 돌아다녔어요. 장사가 잘 되는 상점을 찾아다니며 장사의 비법을 연구했지요.

"좋은 물건을 싸게 파는 것이 장사의 기본이야! 그러기 위해서는 좋은 물건을 싼값에 들여 와야 하지!"

샘은 낡은 트럭을 타고 멀리까지 달려가서 질이 좋은 물건을 싼값에 사들였어요. 샘의 낡은 트럭은 질 좋고 싼 물건이 있는 곳이라면 어디든 달려갔지요. 이러한 샘의 성실함은 큰 결실을 가져다 주었어요. 샘은 전세계에 수많은 체인점을 두고 있는 '월마트'를 세웠거든요.

좋은 습관을 키우는 방법

재능을 앞서는 성실

게으른 사람이 텔레비전을 보며 빈둥거리는 사이에 성실한 사람은 일도 하고 공부도 하고 봉사활동까지 할 수 있어. 그러니 토끼와 거북이의 경주에서처럼 재능이 있는 사람보다 성실한 사람이 이기게 되지.

성실한 어른으로 자라기

① 핑계 대지 않기!

부모님이 이제 오락 그만하고 공부하라고 하면 이런저런 핑계를 대며 미루지 않니? 다른 일을 할 때도 마찬가지야. 하기 싫은 일에는 늘 여러 가지 핑계들이 따라다녀. 그렇게 핑계를 대며 중요한 일을 미루다가는 어느새 내가 원하는 일을 할 수 있는 기회를 잃게 되지.

② 할 일 하고 쉬기!

'조금 쉰 다음에 공부해야지.'라고 생각하다가 그만 잠이 들어 버리곤 하지. 성실한 어른으로 자라고 싶다면 꼭 해야 하는 일부터 하고 그 다음에 쉬는 습관을 들여야 해. 쉰 다음에, 혹은 다른 달콤한 일들을 한 다음에 꼭 해야 하는 일을 하겠다고 미룬다면 그것은 안 하겠다는 말이나 같아.

③ 무리하지 않기!

성실하기 위해서는 하루만 반짝 열심히 해서는 안 돼. 매일매일 꾸준히 노력해야 해. 공부도, 숙제도 벼락치기보다는 평소에 성실하게 공부한 사람이 결국에는 우등생이 될 수 있어. 마라톤을 하듯이 속도를 조절하지 않으면 중간에 지쳐서 쓰러질지도 몰라.

④ 자신과의 약속 지키기!

누구나 성실하게 살고 싶은 마음이 있을 거야. 하지만 자신과의 약속을 지키지 못하고 나태해지고 게을러져서 포기해 버리곤 하지. 자신과의 약속이라고 가볍게 생각해선 안 돼.
자신과의 약속을 못 지키는 사람은 다른 사람들과의 약속은 더 못 지키는 법이거든.

#2
상대방을 대하는 긍정 습관

tive habit
friendship

habit

014 경청 _ 세상을 이해하는 기술
015 우정 _ 친구가 필요한 이유
016 봉사 _ 나 자신을 위한 시간
017 상처 _ 상처는 지우고 기억만 남길 것
018 책임 _ 리더가 되기 위한 조건
019 욕심 _ 내가 가진 것이 너무 적다고?
020 배움 _ 하루가 다르게 성장하기
021 배려 _ 나를 위한 선물

friendship

|경청|

014 세상을 이해하는 기술

> 지혜는 듣는 것에서 생기고, 후회는 말함으로써 생긴다.
> – 영국 속담

"우리 건물에는 문제아들만 사나 봐! 벽에는 온통 낙서투성이에 툭하면 고함을 질러대니 정신 사나워서 살 수가 없어!"

로마에 있는 공동 주택에는 아이들이 우글우글 했어요. 그것도 아주 말썽쟁이들로요. 날마다 유리창이 깨지고, 서로 싸우고, 울고, 낙서하고……. 하지만 아이들을 돌봐야 할 부모들은 일을 하느라 바빴어요.

그 곳에 몬테소리는 어린이집을 열었어요. 그리고 새로운 교육 방식으로 말썽꾸러기 아이들을 정서적으로 안정된 지혜로운 아이들로 바꾸어 놓았지요. 어떻게 했냐고요? 아이들의 말에 귀를 기울였어요. 아이들의 의견을 묻고, 어떻게 하면 좋을지를 상의했어요. 그리고 아이들의 의견에 대해 아낌없이 칭찬해 주었지요.

몬테소리는 아이들의 말을 진지하게

들어 주는 동안 아이들의 세계를 이해하게 되었어요. 그리고 그것을 연구하여 아이들에게 도움이 되는 교육 방식을 찾아갔지요.

몬테소리의 새로운 교육 방식은 수많은 아이들에게 놀라운 발전을 가져왔고, 세계의 유아와 어린이 교육에 큰 변화를 가져왔어요.

아이들은 몬테소리가 자신의 말에 귀를 기울여 줄 때 존중받는 기분을 느꼈어요. **존중을 받는다는 느낌은 남녀노소 할 것 없이 누구나 기분 좋게 해요. 그리고 상대에게 받고 있는 존중에 어울리는 좋은 사람이 되도록 노력하게 하지요.** 사람들이 자신의 말을 잘 들어 주었을 때 얼마나 큰 기쁨을 느끼는지 몬테소리는 알고 있었어요.

좋은 습관을 키우는 방법

세상을 이해하는 기술

사람들을 화나게 하는 방법 중에 가장 간단한 것이 뭔지 알아? 그것은 그 사람의 말을 무시하는 거야. 그리고 사람들을 기분 좋게 하는 방법 중에 가장 간단한 것이 뭔지 알아? 그것은 그 사람의 말을 경청하는 거지. 사람들의 말을 잘 들어 주는 것! 그게 바로 사람들의 마음을 끄는 대화의 시작이야.

경청하는 습관 기르기

① **상대방이 말할 때 시선을 마주하기!**

상대방이 말하고 있는데 눈을 자꾸만 다른 곳으로 돌리면 관심이 다른 곳에 있는 것처럼 보여. 그래서 상대방은 내가 자기의 말을 지루해하고 있다고 생각하고 기분이 상하지.

② **적절한 반응 보이기!**

말하는 사람이 이야기하는 사이, 사이에 적당한 반응을 하는 게 좋아. '당신의 이야기를 잘 듣고 있어요!' 라는 신호가 되도록 말이야. "아, 그래?", "정말?" 이런 말들을 하며 자연스러운 동작도 함께 하면 좋아.

③ 끝까지 들어 주기!

급한 일이 있는 게 아니라면, 상대방의 말을 끝까지 들어 주는 게 좋아. 자기가 하고 싶은 말이 있다고 상대방의 말을 '톡' 끊고 말하는 것은 예의가 아니야.

④ 상대방의 입장이 되어 듣기!

내가 상대방의 입장이 되었다고 생각하고 들어 봐. 그러면 그 사람을 더 잘 이해할 수 있어.

|우정|

친구가 필요한 이유

> 친구는 기쁨을 배로 만들고 슬픔을 반으로 줄여 준다.
> – 키케로(고대 로마의 철학자)

칸트는 독일의 유명한 철학자예요. 폭넓고 깊이 있는 철학 지식으로 독일은 물론 세계적인 존경과 관심을 받았지요. 수많은 철학자들이 칸트의 철학에 큰 영향을 받았어요. 하지만 세계적인 철학자 칸트의 일상은 남들과 크게 다르지 않았어요.

칸트는 사람들을 만나는 것에 무척 부지런했어요. 대학 강의를 마치고 나면 사람들이 모여 있는 커피숍이나 서점에 들러 사람들과 이야기를 나누는 것을 좋아했어요.

"칸트! 당신은 유명한 철학자잖아요. 그런데 우리 같은 보통 사람들하고 잡담할 시간이 있나요?"

칸트와 서점에서 만나 토론을 즐기던 사람이 물었어요.

"철학자에게 가장 해로운 일이 뭔 줄 알아요?"

칸트가 장난스럽게 물었어요.

"글쎄요?"

"그건, 혼자서 식사를 하는 거예요! 사람과 만나지 않는 사람이 철학에 대해서 얼마나 깊이 있게 알 수 있겠어요?"

칸트는 책을 읽고 연구를 하는 것 못지않게 인생을 평범하게 살아가는 친구들을 사귀는 것을 즐겼어요. 그리고 그것이 자신에게 꼭 필요한 일이라고 생각했지요.

칸트는 함께 토론을 하며 우정을 쌓아 가는 친구들을 통해 자신의 철학을 완성해 갔어요. 칸트는 보통 사람으로 살아가는 친구들의 모습에서 영감과 에너지를 얻어 훌륭한 철학적 업적을 남길 수 있었답니다.

친구들이여! 여러분에게서 나의 철학적 영감을 얻었다오.

친구가 필요한 이유

친한 친구가 있는 사람은 그렇지 않은 사람보다 행복 지수가 높다고 해. 그만큼 친구가 우리의 행복에 큰 영향을 미치고 있다는 걸 알 수 있지. 나를 진정으로 걱정하고, 아껴 주는 한 명의 친구가 있다면 훨씬 든든하고 큰 위안이 돼.

좋은 친구가 되는 법, 좋은 친구를 만드는 법

① 맘에 드는 친구에게 먼저 다가가기!

친구들이 나에게 다가와 말을 걸어 주기를 기다린다면 내 마음에 드는 친구를 사귀기 어려워. 내가 먼저 다가가야 내 마음에 드는 좋은 친구를 사귈 수 있어.

② **친구와 내가 다르다는 것 이해하기!**

친구는 나와 달라. 생각하는 것도, 좋아하는 것도, 말하는 방식도! 그러니까 나와 다르다고 화를 내거나 서운해하는 것은 어리석은 일이야.

③ **홀로서기!**

친구가 내 슬픔을 모두 이해해 주고, 해결해 줄 수 있는 사람은 아니야. 어느 정도 도움은 되겠지만 친구가 내 모든 감정을 책임질 수도 없고, 나도 친구의 모든 감정을 책임질 수 없어. 친구가 옆에 있어도 내 감정을 스스로 다스리려고 노력해야 해.

④ **의리 지키기!**

친구가 절대로 비밀이라고 말한 것은 꼭 지켜 줘. 다른 사람에게 친구를 흉보는 일도 백해무익한 일이지. 의리를 지키는 것은 그리 거창한 일이 아니야. 친구를 소중하게 대하는 거지.

| 봉사 |

016   나 자신을 위한 시간

> 허리를 굽혀 다른 이들이 일어서도록 도와 주려면
> 자기 자신도 일어설 수밖에 없다.
> – 로버트 이안 시모어(영국의 사업가 · 연설가)

어느 날, 슈바이처는 아프리카 흑인들이 의사가 없어 고통을 받고 있다는 기사를 보게 되었어요.
"내가 사람들을 위해서 살아야 할 때가 왔어!"
슈바이처는 이미 각 분야에서 유능한 철학자로, 파이프 오르간 연주자로, 목사로 인정 받고 있었어요. 하지만 슈바이처는 전혀 다른 새로운 공부를 시작했어요. 열대 질병을 전문적으로 다룰 수 있는 의사 면허증이 필요했으니까요. 슈바이처는 오직 질병으로 고통 받는 아프리카 흑인들을 위해서 의사 면허증을 땄어요.

'어려서부터 사람들에게 봉사하는 삶을 살아야겠다고 하느님에게 약속했는데 이제야 지키게 됐군!'

슈바이처는 아프리카 오고우에 강가 랑바레네에 병원을 차렸어요. 그리고 야생 동물이 우글거리는 곳에서 진료를 시작했어요. 열

 악한 환경 속에서도 사람들의 생명은 모두 소중하다는 신념을 가지고 열심히 봉사했지요.

 제1차세계대전이 일어나자 독일계 프랑스인이라는 이유로 슈바이처는 포로가 되어 프랑스로 돌아가게 되었어요. 하지만 아프리카에서 있었던 일들을 적은 글을 발표하자 슈바이처의 봉사에 지지를 보내는 사람들이 많아졌지요. 그들 덕분에 슈바이처는 다시 랑바레네로 돌아갈 수 있었어요.

 버려진 병원은 쓰러져 가고 있었어요. 슈바이처는 온 힘을 다해 더 큰 병원을 지었어요. 그리고 더 열심히 진료를 했어요.

 그 후 슈바이처는 '원시림의 성자'라고 불리며 괴테상과 노벨평화상도 받게 되었지요.

 '상금이 생겼으니 이제 나환자촌을 지원할 수 있겠어!'

 슈바이처는 자신이 받은 상금마저 나환자들을 치료하는 시설을 만들기 위해 썼어요. 봉사하는 삶을 산 슈바이처는 누구보다 행복한 사람이었답니다.

좋은 습관을 키우는 방법

나 자신을 위한 시간

열심히 봉사를 하는 사람들은 봉사를 통해서 오히려 자기가 도움을 받았다고들 해. 봉사를 하면서 마음이 편안해지고, 행복해졌다고. 누구나 진심어린 봉사를 해 본 사람이라면 이 말에 동의할 거야. 사람들은 자신이 누군가에게 도움이 되었을 때 자신을 더 소중히 여기게 되거든.

봉사할 때 가져야 할 마음가짐

① 나중으로 미루지 않기!

나중에 시간이 나면, 나중에 돈을 많이 벌면……. 이렇게 변명을 찾기 시작하면 한도 끝도 없어. 지금 당장, 조금이라도 할 수 있는 만큼 하는 게 중요해. 꾸준히 봉사를 하는 사람들을 보면 대부분 바쁜 시간을 쪼개서 하고 있단다.

② 습관처럼 봉사하기!

한 번에 몰아서 봉사하는 것보다 몸에 배도록 꾸준히 하는 것이 좋아. 그래야 결과적으로 더 많이 봉사할 수도 있고, 새로 적응하는 시간을 낭비하지 않아도 돼. 그리고 무엇보다 항상 봉사의 기쁨을 누리며 살 수 있지.

③ 나에게 맞는 봉사 활동을 찾기!

봉사도 자기에게 맞는 것이 있어. 하기 싫은데 억지로 하는 것보다 자기에게 비교적 잘 맞는 일을 찾는 것이 좋아. 그래야 꾸준히 할 수 있어.

④ 배려하는 마음 갖기!

늘 상대방을 배려하는 마음을 가져야 해. 내 생각을 고집하지 말고, 상대방을 편하게 하는 것이 무엇인지 생각하는 것이 중요해.

|상처|

017

상처는 지우고 기억만 남길 것

> 내가 상처 받지 않기로 마음먹은 이상 누구도 내게 상처를 입힐 수 없다.
> – 모한다스 간디(인도의 민족운동가)

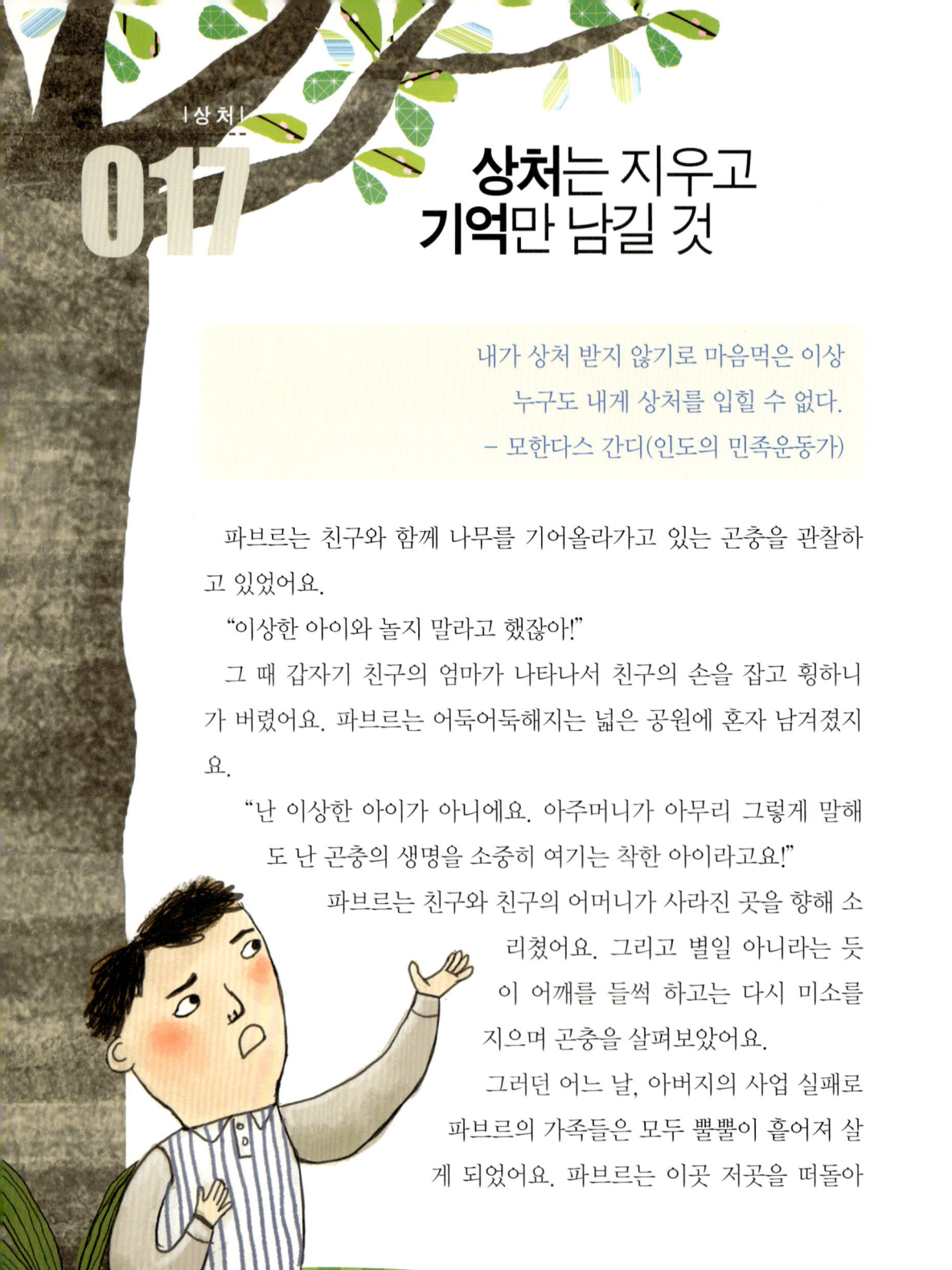

파브르는 친구와 함께 나무를 기어올라가고 있는 곤충을 관찰하고 있었어요.

"이상한 아이와 놀지 말라고 했잖아!"

그 때 갑자기 친구의 엄마가 나타나서 친구의 손을 잡고 횡하니 가 버렸어요. 파브르는 어둑어둑해지는 넓은 공원에 혼자 남겨졌지요.

"난 이상한 아이가 아니에요. 아주머니가 아무리 그렇게 말해도 난 곤충의 생명을 소중히 여기는 착한 아이라고요!"

파브르는 친구와 친구의 어머니가 사라진 곳을 향해 소리쳤어요. 그리고 별일 아니라는 듯이 어깨를 들썩 하고는 다시 미소를 지으며 곤충을 살펴보았어요.

그러던 어느 날, 아버지의 사업 실패로 파브르의 가족들은 모두 뿔뿔이 흩어져 살게 되었어요. 파브르는 이곳 저곳을 떠돌아

다니며 힘든 시간을 견뎌야 했어요.

'난 무척 가난해. 하지만 괜찮아. 어른이 되어서 성실히 일하면 얼마든지 편안한 집에서 살 수 있을 거야.'

파브르는 긍정적으로 생각했어요. 그리고 지루한 시간을 곤충을 관찰하며 보냈어요.

"와! 이 나비는 희귀한 무늬를 가지고 있는 걸!"

파브르는 곤충의 생김새를 관찰하고, 움직임을 살피느라 심심할 틈이 없었어요.

파브르는 열심히 공부해서 장학생으로 학교를 다니고 훗날 초등학교 교사가 되었어요. 그리고 곤충들의 생태 연구에 몰두해서 프랑스를 대표하는 곤충학자가 되었어요. 파브르가 쓴 《곤충기》는 지금도 수많은 사람들에게 사랑을 받고 있지요.

파브르가 힘들었던 어린 시절에 받은 상처들을 이겨 내지 못했다면 아마도 우리는 파브르의 《곤충기》를 읽을 수 없었을 거예요.

상처는 지우고 기억만 남길 것

누구나 살아가다 보면 크고 작은 상처를 받게 돼. 특히 주위에 있는 사랑하는 사람들, 좋아하는 사람들에게 받은 상처가 더 크게 느껴지지. 사람들에게 받은 상처에 대한 기억을 지울 수는 없어. 하지만 그 상처만큼은 얼마든지 지울 수 있어. 지울 수 있는 상처를 끌어안고 낑낑대는 것은 어리석은 일이지.

마음 속 상처 치료하기

① 상처 들여다보기!

마음이 많이 아프다는 것은 마음에 상처가 났다는 거야. 그럴 때 그대로 두면 상처가 곪아서 더 깊어질 수 있어. 왜 마음이 아픈지, 내 마음에 상처는 얼마만큼 큰 것인지 자세히 진단을 해야 해. 상처가 크다면 심리 상담사나 정신과 의사 등 전문가의 도움이 필요해. 하지만 작은 상처라면 스스로 얼마든지 진단을 할 수 있어.

② 따갑지만 꾹 참고 소독하기!

상처를 받았을 때의 상황을 객관적인 시선으로 다시 정리해 봐. 그리고 정말 상처를 받을 일인지 곰곰이 생각해 봐. 상처 받을 만한 일이라면 나 스스로 나를 위로해 주고, 나는 상처를 훌훌 털어 버릴 만큼 강한 사람이라는 것을 떠올려. 그리고 상처 받을 일이 아니라면 가볍게 웃어 넘기는 거야.

③ 기쁜 마음으로 사람들 대하기!

사람들에게 상처를 받은 기억 때문에 다른 사람들에게조차 마음을 닫을 필요는 없어. 난 상처를 잘 이겨 냈고, 세상에는 좋은 사람들이 더 많으니까. 상처 받을까 봐 두려워하느라 좋은 사람들과 행복한 시간을 보낼 수 있는 수많은 기회를 날려 버리고 싶지는 않지?

④ 덧나지 않게 연고 바르기!

상치를 털어 버리기로 했다고? 정말 잘했어. 그렇다면 이제는 기분 전환이 필요해. 음악을 듣거나 재미난 책을 읽거나 친구들과 신나는 이야기를 해서 기분을 전환해 봐. 그러면 상처의 기억조차 멀어질 테니까.

좋은 사람들과 웃고 이야기하는 사이에 상처는 멀리멀리 사라질 거야!

|책임|

018 리더가 되기 위한 **조건**

> 일의 대소를 불문하고 책임을 다하면 꼭 성공한다!
> – 데일 카네기(미국의 경영 컨설턴트)

어니스트 섀클턴은 '인듀어런스 호'를 이끌고 남극 탐험을 떠났어요. 배에는 스물여덟 명의 선원이 타고 있었지요. 배는 남극에 있는 대륙을 향해 세 달 동안이나 항해해 갔어요. 하지만 대륙은 보이지 않았어요.

그러는 사이 남극에도 겨울이 찾아와 온도가 더 떨어지더니 배가 바닷물과 함께 꽝꽝 얼어 버렸어요. 커다란 인듀어런스 호는 얼음에 갇혀 옴짝달싹 못하게 되었지요. 섀클턴은 선원들과 함께 배에서 힘겹게 겨울을 났어요.

하지만 겨울이 지나자 얼음이 녹으면서 얼음 덩어리들이 배를 조여 왔어요. 배는 거인의 손에 쥐어진 사

꼭 구조선을 이끌고 돌아오겠네!

과처럼 부서질 위기에 놓였지요.

'어떻게든 선원들의 소중한 생명을 지킬 거야.'

섀클턴은 무거운 책임감을 느꼈어요. 그는 선원들과 함께 배에서 탈출했어요. 그리고 부서진 배 조각으로 작은 보트를 만들었지요. 일행은 그 작은 배를 타고 험한 남극의 추위와 파도를 헤쳐 엘리펀트 섬으로 갔어요.

"이 곳은 비교적 안전하니 여기에서 기다리게. 내가 어떻게든 구조선을 이끌고 돌아오겠네!"

섀클턴은 대부분의 선원들을 섬에 남겨 두고 다섯 명의 선원을 이끌고 그 작은 보트로 목숨을 건 항해를 했어요. 엘리펀트 섬에 남은 선원들은 섀클턴이 반드시 자신들을 구하러 올 것이라고 확신했어요. 섀클턴은 책임감이 남보다 강한 사람이었거든요.

섀클턴은 선원들의 기대를 저버리지 않았어요. 커다란 구조선을 타고 선원들이 애타게 기다리고 있는 엘리펀트 섬으로 돌아왔거든요. 수많은 생명을 빼앗아 가는 남극의 바다에서 섀클턴은 모든 선원의 생명을 지킬 수 있었어요. 2년이 넘게 걸린 긴 항해 기간 동안 보여 준 섀클턴의 강인한 책임감이 그를 위대한 선장으로 만들어 주었답니다.

엘리펀트 섬

좋은 습관을 키우는 방법

리더가 되기 위한 조건

사람들 사이에는 보이지 않는 끈이 있어. 책임감을 갖는다는 것은 그 끈을 강하게 쥐고 있는 거야. 그러면 사람들과 안정적이고 단단한 사이가 되지. 하지만 자신에게 주어진 책임을 다하지 않는다는 것은 그 끈을 놓아 버리는 거야. 끈으로 연결되어 있지 않으면 사람들은 더 이상 나를 신뢰하지 않고 작은 일이 생겨도 내 곁을 떠나가 버리게 돼.

어깨 빠지도록 무거운 책임을 비교적 쉽게 지는 법

① 사람들에게 역할을 분담한다

책임이 무겁게 느껴진다면 함께하는 사람들에게 역할을 분담시키는 거야. 커다란 바위도 돌멩이만하게 쪼개서 나누면 들 수 있다는 것을 생각해 봐.

② 어른이나 선배에게 도움을 청한다

나와 비슷한 상황을 훌륭하게 이겨 낸 사람을 찾아봐. 그리고 그 사람에게 조언을 얻는 것도 무척 효과적이야. 실수할 수 있는 확률을 줄일 수 있고, 의외로 좋은 방법을 알아 낼 수도 있어.

③ 사람들의 감정을 살핀다

책임을 이루어 나가는 과정에서 소홀히 하지 말아야 할 것이 있어. 그건 사람들의 감정을 살피는 거야. 아무리 책임감 있게 행동했다고 해도 사람들의 감정을 상하게 했다면 좋은 평가를 받기 힘들어. 리더라면 더욱 사람들의 마음을 살피는 것이 중요하지.

④ 책임의 한계를 정한다

자기가 맡은 책임의 한계가 어디인지 정확히 생각해 봐. 자신의 책임의 한계를 잘 모르고 있으면 책임을 다하지 못할 수도 있고, 불필요한 것까지 힘들게 책임지게 될 수도 있거든. 리더로서 책임을 질 때에도, 무언가 잘못을 해서 책임을 져야 할 때에도 마찬가지지.

|욕심|

019 내가 가진 것이 너무 적다고?

> 자기가 갖고 있는 것에 만족하지 못한다면
> 세계를 가진다고 해도 불행할 것이다.
> – 세네카(이탈리아의 철학자·극작가)

채플린은 어려서부터 가난한 집안 형편 때문에 돈을 벌어야 했어요. 돈이 되는 아르바이트는 무엇이든 했지요.

"찰리! 엄마랑 산책 갈래?"

어머니가 다정하게 말했어요.

"좋아요!"

찰리 채플린은 엄마와 집을 나섰어요.

"우리 찰리에게 제대로 된 장난감 하나도 못 사 줬구나!"

엄마는 남자 아이가 장난감을 들고 지나가는 것을 보고 말했어요.

"괜찮아요! 지금도 충분히 재미있어요. 엄마랑 지나가는 사람들의 성격을 상상하는 놀이가 흔한 장난감보다 훨씬 더 좋아요. 저 남자 아이는 말투를 들어 보니 엄마가 아직도 아기처럼 키우는 것 같아요. 저랑 동갑 같은데도 말이에요."

찰리 채플린은 무명 배우인 어머니와 함께 산책을 즐겼어요. 어머니는 사람에 대한 호

엄마랑 이야기하는 게 더 재밌어요.

기심이 많고 관찰력이 뛰어나서 아들과 함께 사람들의 성격을 상상하곤 했어요. 그런 시간이 찰리에게는 무척 재미있었고, 훗날 유명한 영화배우가 되는 데에도 큰 힘이 되었지요.

찰리 채플린은 가지지 못한 것에 대한 욕심이 별로 없었어요. 지금 가지고 있는 것에 대해 감사할 줄 아는 아이였지요. 찰리 채플린은 그런 긍정적인 마음으로 자신이 가고 싶은 길로 나아갔어요.

찰리 채플린은 어머니를 따라 어렸을 때부터 무대에 섰어요. 그리고 14살에 이미 재능을 인정받아 많은 사람들에게 사랑을 받게 되었어요. 훗날 70편의 영화를 감독하고, 수많은 영화에 출연해 자신만의 독특한 개성을 뽐냈어요. 가진 것에 감사하며 성실히 살아온 찰리 채플린은 〈황금광 시대〉, 〈모던 타임스〉, 〈위대한 독재자〉 등의 영화로 큰 사랑을 받게 되었답니다.

내가 가진 것이 너무 적다고?

친구들이 가진 것과 내가 가진 것을 비교하고 나면 마음이 허탈하고 친구보다 더 많이 갖고 싶다는 생각이 든다고? 하지만 욕심은 끝이 없어. 내 친구만큼 갖게 되면 그 다음에는 더 많이 가진 다른 아이만큼 갖고 싶어질 테고, 나중에는 뉴스에 날 만큼 많이 가진 아이가 되고 싶어하겠지. 남들과 비교해서 얼마만큼 많이 가졌느냐가 중요한 게 아니야. 지금 가지고 있는 것에 만족하고 행복한가, 아닌가가 더 중요하지.

욕심을 버리고 평화를 얻는 습관

① 친구들과 비교하지 말기!

사람들은 동료나 친구 등 주위 사람과 자신을 비교해서 행복을 느끼는 경우가 많다고 해. 반에서 1등을 하는 아이도 전교에서 1등을 하는 아이를 만나면 스트레스를 받는 거지. 그렇게 끝없는 저울질을 하느라 힘 빼지 마. 나는 친구와 상관없이 충분히 훌륭하고 소중하다는 것을 기억해.

② 내가 가진 소중한 것들 생각하기!

내가 지금 가지고 있는 소중한 것들을 생각해 봐. 건강한 몸, 부모님, 친구, 햇빛, 공기……. 소중한 것들이 정말 많지? 나는 참 많은 것을 가진 부자야.

③ 앞으로 이루고 싶은 것들 목록 짜기!

정상에 오른 기쁨도 크지만 희망을 가지고 정상을 향해 나아가는 기쁨도 무척 커. 내가 앞으로 이루고 싶거나 갖고 싶은 것들을 적어 봐. 그리고 앞으로 열심히 노력해서 하나하나 이루어 가는 거야.

④ 다른 사람에게 도움이 되기!

나보다 더 어려운 사람, 혹은 나의 도움이 필요한 사람에게 도움을 줘. 그러면 내가 참 부자이고, 행복한 사람, 소중한 사람이라는 감정을 갖게 될 거야.

|배움|

020 하루가 다르게 성장하기

> 배움이 없는 자유는 언제나 위험하며
> 자유가 없는 배움은 언제나 헛된 일이다.
> - 존 F. 케네디(전 미국 대통령)

생텍쥐페리는 어렸을 때부터 세상 모든 것에 호기심이 많았어요. 그리고 자기가 흥미롭게 생각하는 것은 무슨 수를 써서라도 꼭 배우고야 말았지요. **생텍쥐페리에게는 세상 모든 사람들이 선생님이었고, 세상은 거대한 학교였지요.**

"종이에 그림으로 내 마음을 표현한다는 것은 정말 아름다운 일이야!"

그림에 푹 빠진 생텍쥐페리는 고등학교를 졸업하고 미술 학교에 들어가서 열심히 그림 그리는 법을 배웠어요.

"하늘을 날아서 세계 곳곳을 탐험하면 얼마나 좋을까? 신기한 동물들이 우글거리는 아프리카도 갈 수 있고, 산호가 아름다운 섬도 갈 수 있고, 추운 얼음 나라도 갈 수 있겠지? 그래! 비행기 조종하는 법을 배워야겠어!"

당시에는 비행기가 일반화 되지 않았을 때였어요. 그래서 비행기를 조종한다는 것은 위험 부담이 커서 쉽게 꿈꿀 수 있는 일이 아니었어요. 하지만 생텍쥐페리는 겁 없이 공군에 지원해서 비행기를

조종하는 법을 배웠어요. 생텍쥐페리는 비행기를 조종하며 많은 것을 볼 수 있었어요.

"와! 하늘에서 내려다 본 세상은 정말 감동적이야! 이 느낌을 글로 쓴다면 좋을 텐데……."

생텍쥐페리는 이번에는 이야기 쓰는 법을 익혔어요. 그리고 자신의 비행 경험을 살려 《비행사》, 《남방 우편기》, 《야간비행》, 《어린 왕자》 등을 썼어요. 그의 작품들은 사람들에게 큰 호응을 얻었어요. 특히 그가 직접 그림을 그린 《어린 왕자》는 세계적인 명작으로 지금도 많은 사람들에게 사랑을 받고 있지요.

이처럼 무엇이든 열정적으로 배우기를 좋아했던 생텍쥐페리는 그로 인해 멋진 문학 작품들을 세상에 남길 수 있었답니다.

하루가 다르게 성장하기

쑥쑥 자라는 나의 모습을 보고 싶다면 무엇이든 배우는 습관을 들여 봐. 배운다는 것은 밭에 씨앗을 뿌리는 것과 같아. 씨앗을 많이 뿌린 사람은 여름이 지나고 가을이 되면 달콤한 열매를 많이 얻을 수 있어.

배움의 기술

① 호기심을 갖는다

관심이 없는 것을 배우려면 지루하고 따분해서 눈에 들어오지도 않을 거야. 이왕이면 나의 호기심을 자극하는 것들을 찾아봐.

② 스승을 찾는다

좋은 스승 밑에 훌륭한 제자가 있는 법! 내가 배우고 싶은 분야를 잘 알고 있고, 그것을 나에게 잘 알려 줄 사람을 찾아. 어떤 스승을 만나느냐에 따라 미래가 달라지기도 해.

③ 예습과 복습을 철저히!

예습과 복습을 열심히 해야 진도도 빨리 나가고 오래오래 기억 돼. 오래 기억 되어야 언제든 필요할 때 꺼내서 써먹지. 이왕 배우는 거 흘려 듣지 말고 꼭 기억해 두자고!

④ 나만의 방식으로 발전시킨다

배움으로 끝나는 것이 아니라 나의 것으로 발전시킬 수 있다면 금상첨화지. 배운 것을 응용하거나 나의 아이디어를 더해서 새로운 것을 만들어 봐.

| 배려 |

021 나를 위한 선물

통일의 희망을 연주해~

> 사람들을 행복하게 할 수 있는 사람만이 행복을 얻을 수 있다.
> – 플라톤(고대 그리스의 철학자)

 윤이상은 일본으로 유학을 가서 작곡 공부를 했어요. 그러던 중에 제2차세계대전이 일어났어요. 나라에 대한 사랑이 남달랐던 윤이상은 일본이 우리 나라를 강제로 점령한 것에 반대하기 위해 조국으로 돌아와 반대 운동을 벌였어요. 그러다 감옥 생활을 하기도 했지요.
 일제강점기가 끝나고 다시 프랑스와 독일에서 음악 공부를 계속하던 윤이상은 자신이 작곡한 곡들을 발표하면서 세계적인 음악가로 자리를 잡아가고 있었지요.
 하지만 간첩 혐의를 받아 조국으로 돌아가 또다시 감옥에서 살아야 하는 처지가 되었어요. 이 소식이 알려지자 세계 음악가들과 독일 정부는 윤이상의 석방을 위해 운동을 벌였어요. 결국 윤이상은 감옥에서 풀려났지만 독일로 추방을 당했어요.
 윤이상은 그러한 수모와 고통을 받고도 조국에 대한 배려를 아끼지 않았어요. 광주민주화운동으로 국민들이 큰 혼란과 고통에 휩싸여 있다는 소식을 들은 윤이상은 정의를 위해 싸우는 국민들에게 힘을 실어 주기 위해 〈광주여, 영원히〉라는 교향시를

분단의 조국

만들었어요. 그리고 세계 여러 나라에서 공연을 했어요.

'내가 조국으로 돌아가서 국민들과 함께 싸울 수는 없지만 이 곳에서 그들을 응원하고 있다는 것이 힘이 되리라 생각해.'

윤이상은 조국에 있는 동포들을 걱정했어요. 특히 우리 민족이 남과 북으로 갈라져 있다는 것이 마음 아팠어요. 이산 가족들을 서로 만나게 하고, 후손들에게 하나 된 나라를 물려주고 싶은 마음이 간절했지요.

'이산 가족들에게, 그리고 갈라져 있는 민족에게 통일의 희망을 심어 주고 싶어!'

윤이상의 생각은 이번에도 행동으로 옮겨졌어요. 윤이상은 판문점에서 남북 음악회를 열기를 제안했고, 그것은 통일 음악회로 결실을 맺었어요.

그는 이제 세상을 떠나고 없지만, 그가 남긴 음악들은 우리들의 가슴 속에 그의 큰 사랑과 배려를 전하고 있답니다.

좋은 습관을 키우는 방법

나를 위한 선물

슬퍼하는 친구를 위해 깜짝 선물을 준비해서 준다면 친구에게 많은 위로가 될 거야. 하지만 그 선물로 인해 더 큰 기쁨을 맛본 사람은 친구가 아니라 나 자신이지. 선물은 받는 사람보다 주는 사람의 마음을 더 설레고 기쁘게 하거든. 사람들을 위한 배려도 마찬가지야.

배려하고 삽시다

① 주위 사람들 살펴보기!

배려라는 것은 내가 돕고 싶을 때 돕는 게 아니야. 그 사람이 도움을 필요로 할 때 돕는 거지. 상대방이 무엇을 원하는지 알기 위해서는 평소에도 주변 사람들에게 관심을 갖고 있어야 해.

② 대가를 바라지 않기!

배려를 하고 생색을 내거나 대가를 바라는 것은 옳지 않아. 나의 배려로 인해 상대방이 편안해졌거나 즐거웠다면 그것으로 된 거야. 내가 배려를 한 목적이 그것이었으니까.

아낌없이 주는 나무처럼!

③ 모르는 사람도 배려하기!

내가 아는 사람, 내게 소중한 사람에게만 배려를 하느라 다른 사람들에게 피해를 주면 안 돼. 엄마에게 지하철 자리를 잡아 주기 위해 할머니가 앉지 못하도록 짐을 던져 두는 것은 곤란하지. 내가 알지 못하는 사람들도 배려할 줄 아는, 마음이 넓은 사람이 되자고!

④ 다른 사람에게 양보하기!

무엇을 어떻게 배려해야 할지 모르겠다고? 그렇다면 좋은 것, 편리한 것을 다른 사람에게 양보하는 습관을 들여 봐. 버스에서 자리를 양보하고, 동생에게 컴퓨터 사용 우선권을 양보하고, 아빠에게 텔레비전 리모컨을 양보하는 거야.

#3

미래를 만드는 긍정 습관

022 노력 _ 차곡차곡 쌓아 가기
023 목표 _ 목표에 따른 지도 그리기
024 의지 _ 의지가 있어야 흔들리지 않는다
025 실천 _ 망설일 시간에 실천하기
026 포기 _ 달콤한 악마의 유혹
027 계획 _ 내가 만들어 가는 운명
028 독서 _ 세상을 살아가는 지혜를 익히는 시간
029 변화 _ 세상은 지금도 변화하고 있다
030 희망 _ 가슴을 훈훈하게 하는 난로
031 실패 _ 실패는 끝이 아닌 과정이다

| 노력 |

022 차곡차곡 쌓아 가기

> 우리의 인생은 우리가 노력한 만큼 가치가 있다!
> – 모리악(프랑스의 소설가, 노벨문학상 수상)

"난 이탈리아로 떠날 것일세!"

괴테는 궁궐에서 사치스러운 연회를 함께 즐기던 친구에게 말했어요.

"아니, 왜? 자네는 사람들의 존경의 대상이자, 바이마르 공국의 재상이야. 이런 강력한 권력을 잡고 있는 위대한 작가가 왜 모든 것을 버리고 이탈리아 여행이나 하겠다는 건가? 자네는 이미 최고야! 최고의 자리를 버리고 무엇이 되겠다는 거야?"

친구는 괴테를 이해할 수가 없었어요.

"좋은 글을 쓰기 위해 노력하지 않는 작가는 작가가 아니야. 난 죽는 날까지 훌륭한 작품을 쓰기 위해 노력할 걸세! 좋은 작품을 쓰기 위해서는 내 안에 있는 젊음이 언제나 열정적으

로 깨어 있게 해야 해. 그러기 위해서는 변화를 갖지 않으면 안 돼! 그래서 난 이탈리아로 떠날 걸세!"

괴테는 자신이 늘 깨어 있는 작가가 되기 위해 '변화'가 필요하다고 생각했어요. 괴테의 인생에서 노력은 몸에 익숙한 습관이자, 삶 그 자체였어요. 그러한 노력으로 괴테는 《젊은 베르테르의 슬픔》이라는 충격적인 소설로 독자들에게 큰 호응을 얻었지요.

하지만 그것에 만족하지 않고 끝없는 노력을 계속한 괴테는 이탈리아 여행을 통해 훌륭한 문학 작품들을 탄생시켰어요. 특히 괴테가 23세부터 쓰기 시작해서 83세로 죽기 일 년 전에야 완성한 《파우스트》는 세계 문학의 최대 걸작으로 손꼽히지요.

괴테는 평생 다른 사람들의 말에 휘둘리지 않고, 변화를 위해 남다른 노력을 했답니다. 괴테의 위대한 업적은 위대한 노력이 만들어 낸 것이지요.

좋은 습관을 키우는 방법

차곡차곡 쌓아 가기

노력은 벽돌을 하나하나 쌓아 올리는 것과 같아. 지금 당장은 볼품없는 지루한 일처럼 생각되지. 하지만 시간이 흐르면 견고한 벽돌이 쌓여 멋진 성이 되기도 하고, 아늑한 집이 되기도 해. 노력을 하지 않고 시간을 보낸다면 우리는 성도, 집도 가질 수 없어.

꾸준히 노력하기와 오래달리기의 공통점

① 준비 운동이 필요하다

오래달리기를 하기 위해서는 준비 운동으로 몸을 풀어 주는 게 좋아. 그래야 근육이 뭉치지 않고 금세 달리기에 적응할 수 있지. 꾸준히 노력하기 위해서도 몸과 마음, 상황에 맞는 준비가 필요해.

② 처음부터 무리하지 않는다

처음에 너무 무리하면 금세 지쳐서 끝까지 달리기 어려워. 그러니까 처음에 힘이 남아돈다고 무리하면 안 돼. 힘을 골고루 나누어서 끝까지 달릴 수 있도록 해야지.

한 단계씩 차근차근

③ 포기하고 싶은 고비가 온다

오래달리기를 하면 목이 마르고, 숨이 차고, 다리가 풀리는 고비가 와. 고비가 왔을 때는 즐거운 생각을 하며 기분을 전환하는 게 좋아. 꾸준히 노력하다가도 힘들어 포기하고 싶을 때는 짧은 휴식으로 기분을 전환해 봐.

④ 친구들도 옆에서 달리고 있다

오래달리기를 혼자 하는 경우는 없어. 주위를 둘러보면 친구들도 힘들지만 꾹 참고 열심히 달리고 있지. 내가 꾸준히 무언가를 하느라 노력하는 동안, 다른 친구들도 힘들지만 잘 참으면서 노력하고 있다는 걸 잊지 마.

| 목표 |

023 목표에 따른 지도 그리기

> 어디로 가고 있는지를 모른다면
> 우리는 결국 전혀 다른 곳에 도착할 것이다.
> – 로버트 W. 올슨(임상심리 전문가)

"훔볼트! 우리가 지금 왜 이런 고생을 하고 있는지 도무지 모르겠네. 편하고 따뜻한 집으로 돌아가고 싶어!"

봉플랑이 말했어요. 봉플랑은 훔볼트와 함께 아메리카의 자연을 탐험하고 있었어요. 둘의 얼굴은 벌레에 물려 울퉁불퉁했고, 며칠째 야생 동물들의 위협으로 잠도 자지 못했어요.

힘들기는 훔볼트도 마찬가지였어요. 너무 배가 고픈 나머지 뱀이라도 잡아먹고 싶을 지경이었어요.

하지만 훔볼트는 이렇게 말했어요.

"우리는 오리노코 강을 찾으러 왔어. 그건 돈이나 권력을 얻기 위해서가 아니야. 난 식물을 채집하고, 지리를 탐구하는 것이 행복해. 어려움이 닥쳤다고 꿈을 포기해서는 안 된다고 생각하네! **봉플랑, 난 어떤 어려운 상황에서도 나의 목표를 잊**

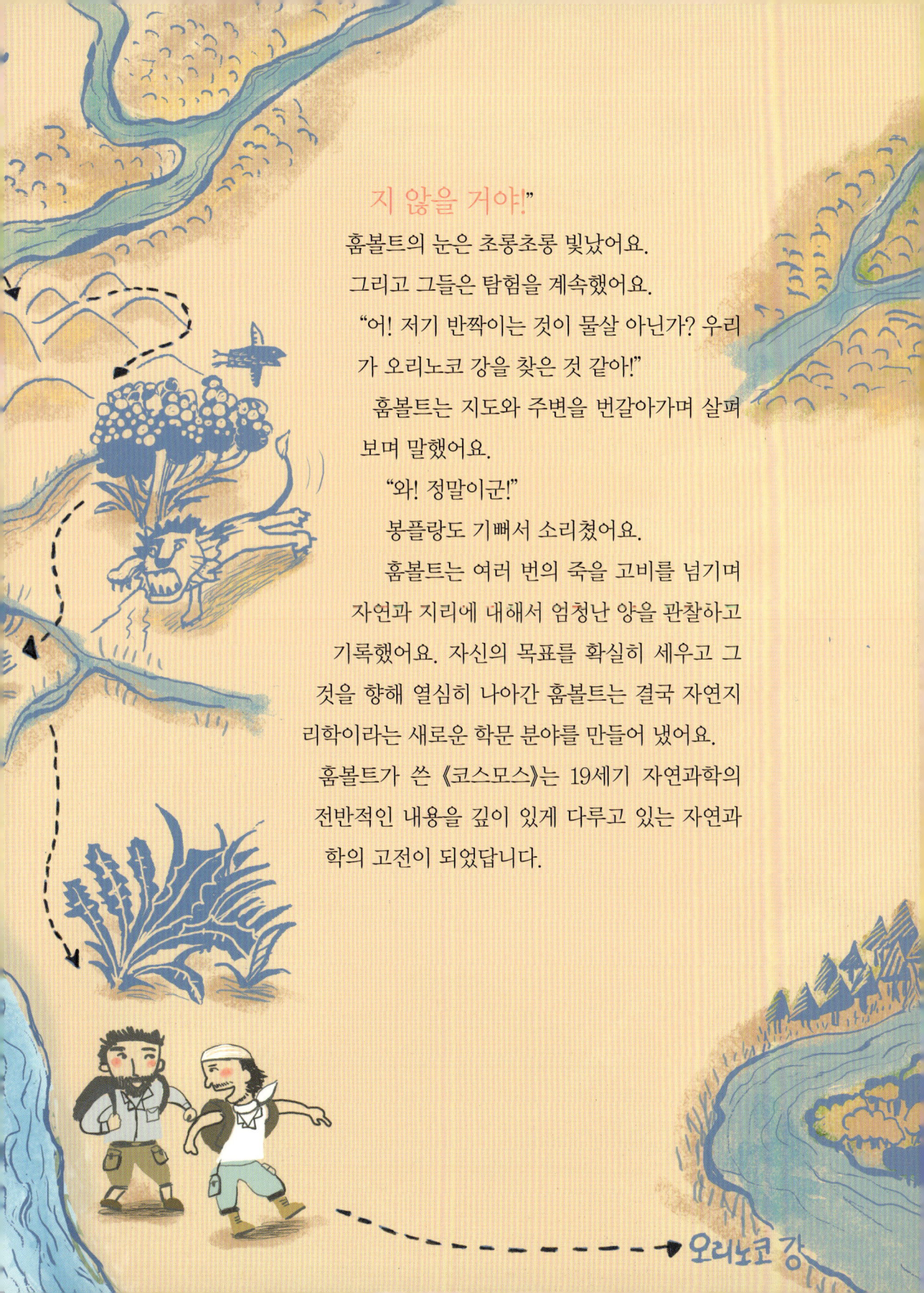

"지 않을 거야!"

훔볼트의 눈은 초롱초롱 빛났어요. 그리고 그들은 탐험을 계속했어요.

"어! 저기 반짝이는 것이 물살 아닌가? 우리가 오리노코 강을 찾은 것 같아!"

훔볼트는 지도와 주변을 번갈아가며 살펴보며 말했어요.

"와! 정말이군!"

봉플랑도 기뻐서 소리쳤어요.

훔볼트는 여러 번의 죽을 고비를 넘기며 자연과 지리에 대해서 엄청난 양을 관찰하고 기록했어요. 자신의 목표를 확실히 세우고 그것을 향해 열심히 나아간 훔볼트는 결국 자연지리학이라는 새로운 학문 분야를 만들어 냈어요. 훔볼트가 쓴 《코스모스》는 19세기 자연과학의 전반적인 내용을 깊이 있게 다루고 있는 자연과학의 고전이 되었답니다.

좋은 습관을 키우는 방법

목표에 따른 지도 그리기

목표는 보물섬이 표시된 지도와 같아. 목표가 선명해야 헤매지 않고 빠르게 길을 찾을 수 있어. 풍랑을 만나서 배가 엉뚱한 곳으로 흘러갔다고 해도 지도가 있으면 다시 찾아갈 수 있어. 목표를 가지고 있다면 보물섬을 절반은 찾은 셈이야.

목표를 잃지 않는 습관

① **지도를 만들기 위해서는 정보가 필요해!**

목표를 이루기 위한 꼼꼼한 계획을 세워 봐. 그러려면 자세한 정보가 필요해. 정확한 정보를 많이 수집할수록 정확한 계획을 세울 수 있지. 그래야 내가 목표를 위해 무엇을 해야 할지도 알게 돼.

② **전문가와 상의하기!**

내 목표와 관련된 사람들에게 조언을 구하는 것도 좋아. 먼저 목표를 이룬 사람은 자기만의 노하우가 있기 마련이거든.

정보 수집

③ 한 곳만 바라보기!

목표를 정했으면 그 곳에만 집중해. 두리번 두리번, 남의 목표에 신경 쓰지 말고 목표를 향해 전속력으로 달려가. 집중해서 빨리 달려가는 것이 목표를 잃지 않는 가장 좋은 방법이야.

④ 더 높은 목표 세우기!

목표를 이루었다고 해서 나태하게 있다 보면 내가 이룬 목표가 무용지물이 되는 경우가 있어. 그러니까 목표를 이룬 뒤에는 더 큰 목표나 새로운 목표를 세우는 것이 좋아.

| 의지 |

024 의지가 있어야 흔들리지 않는다

> 사람이 아름다울 수 있는 힘은
> 재능에 있는 것이 아니라 그 의지에 있다.
> – 랄프 왈도 에머슨(미국의 성직자 · 연설가)

빌 게이츠는 고등학생 시절, 아직 시작 단계의 초보적인 컴퓨터를 접하고 컴퓨터에 푹 빠지게 되었어요.

"컴퓨터는 우리에게 전혀 다른 세상을 만들어 줄 거야! 앞으로 엄청난 발전을 거듭하겠지. 내가 컴퓨터의 역사를 이끌어 가겠어!"

빌 게이츠는 밤낮으로 컴퓨터와 프로그램에 대해서 열심히 공부했어요. 컴퓨터 관련 서적을 손에서 놓지 않았지요. 꿈 속에서도 컴퓨터를 분해해 보고 새로운 컴퓨터를 만들어 냈지요.

그리고 드디어 친구들과 함께 '트라프 오 데이터'라는 컴퓨터 회사를 차렸어요. 빌 게이츠의 나이는 고작 열여섯 살이었지요. 의지가 있다면 어린 나이에도 못할 것이 없었어요.

빌 게이츠는 나날이 변화하는 컴퓨터 시장의 흐름을 읽기 위해 신문이나 잡지에 실린 컴퓨터 관련 기사를 꼼꼼히 읽고 분석했어요.

"미래에는 소프트웨어가 컴퓨터 시장을 이끌 거야!"

빌 게이츠와 친구 앨런은 컴퓨터에 관한 신문 기사를 보고 확신했어요. 빌 게이츠는 소프트웨어 개발에 중심을 둔 '마이크로소프트'

라는 이름의 회사를 세웠어요. 그리고 대학교도 그만두고 오직 소프트웨어 개발에 몰두했지요. 연구 과정에서 찾아오는 실패는 빌 게이츠의 커다란 의지에 비하면 바위 앞에 부서지는 파도와 같았어요.

소프트웨어가 완성되자 빌 게이츠는 직접 판매를 위해서 열심히 뛰어다녔어요. 처음에는 소프트웨어 판매에 어려움을 겪었지만 빌 게이츠는 의지를 굽히지 않았어요. 그 결과 당시 컴퓨터 시장을 장악하고 있던 IBM 사와 손을 잡고 프로그램을 개발하게 되었지요.

빌 게이츠의 마이크로소프트 사는 매년 획기적인 소프트웨어를 내놓으며 컴퓨터 시장을 이끌게 되었어요. 상황에 굴하지 않고 자신의 꿈을 지켜 나간 빌 게이츠의 의지가 세계적인 컴퓨터 회사를 만들어 낸 것이랍니다.

좋은 습관을 키우는 방법

의지가 있어야 흔들리지 않는다

의지가 없다면 살랑거리는 바람에도 갈대처럼 휘청거리고 말아. 하지만 강인한 의지가 있다면 태풍이 불어 와도 끄떡없지. 의지는 장애물을 뚫고 나가는 힘이야. 세상에는 장애물 투성이지. 그러니 의지가 없다면 제자리에서 가만히 두리번거리고 있어야 해.

의지 강화 훈련

① 체력은 모든 것의 기본

강인한 체력에 강인한 의지가 생기는 법! 우선 체력부터 키워 봐. 체력을 키우기 위해 운동을 하다 보면 정신도 더 건강해지고, 무엇을 이루어 내고야 말겠다는 의지도 더욱 강해져.

② 의지가 담긴 시 쓰기

내 의지를 담아 멋진 시를 써 봐. 그리고 그 시를 벽에 붙여 두고 생각날 때마다 읽어 봐. 시는 감정을 자극해서 의지를 불타오르게 하는 데 아주 좋아.

③ 힘찬 음악 듣기

행진곡처럼 힘찬 음악을 들어. 그러면 마음이 쾅쾅 울려서 의지를 불태울 힘이 생길 거야. 하루를 힘찬 음악으로 시작해 보렴.

④ 매월 작은 계획 세우기

매월 작은 계획 하나를 정해서 달력에 적어 둬. 그리고 그것을 지키기 위해 노력하는 거야. 매일 매일 그 계획을 어느 정도 지켰는지 '의지의 별'을 매기는 거야. 비교적 잘 지킨 날은 별 4개, 하나도 안 지킨 날은 별 0개. 그렇게 한 달이 지나면 계획을 이루려는 내 의지가 얼마나 되는지 한눈에 알 수 있이.

| 실천 |

025 망설일 시간에 실천하기

사랑의 선교회

> 사람의 본성은 다 같지만 행하는 것에서 차이가 생긴다.
> – 공자(중국의 사상가 · 학자)

테레사는 로레토 수녀원의 수녀였어요. 테레사는 십여 년 동안 세인트 매리 여자학교에서 학생들을 가르쳤지요. 학생들은 대부분 풍족한 집안의 자녀들이었어요.

오랫동안 교육에 힘을 쏟던 테레사는 진정한 봉사와 사랑의 실천에 대해서 고민하던 끝에 굳은 결심을 하게 되었어요.

'편안하고 안락한 생활을 박차고 나가서 굶주리고 가난한 사람들을 위해서 일해야겠어. 내 손과 발로 그들을 돌볼 거야. 내 손과 발로 하느님의 사랑을 실천할 거야.'

테레사는 미국 의료사업 수녀단에서 아픈 사람들을 돌볼 수 있는 기술을 배웠어요. 그 후, 가난한 인도인들이 입는 옷을 입고 인도 콜카타의 빈민들이 사는 곳으로 들어가 봉사를 시작했지요.

우선 가난해서 배우지 못한 아이들에게 공부를 가르쳤어

요. 그리고 죽음을 앞둔 사람들이 평화롭게 눈을 감을 수 있는 쉼터와 아픈 사람들을 돌보는 시설도 만들었지요. 테레사가 만든 '사랑의 선교회'는 점점 더 커져서 갈 곳 없고, 병든 수많은 사람들의 안식처가 되었어요.

그러던 어느 날이었어요. 테레사는 한 봉사 단체의 모임에 참여하게 되었어요. 여러 사람이 봉사에 대한 경험과 봉사에 임하는 자세 등에 대해서 열띤 연설을 했어요.

"이번에는 우리들의 존경의 대상이자, 빈민들의 어머니, '마더 테레사'를 이 자리에 모시겠습니다."

테레사는 강단 위로 올라갔어요.

"말을 좀더 줄여야 해요. 말할 시간에 손에 빗자루라도 들고 다른 사람의 집을 청소해 주세요. 그 행동이 충분히 많은 것을 말해 줄 겁니다."

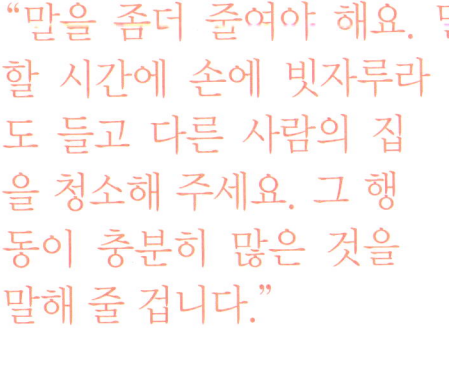

말을 좀더 줄여야 해요. 대신, 행동으로 보여 주세요.

좋은 습관을 키우는 방법

망설일 시간에 실천하기

사람들은 참 많은 꿈을 가지고 있어. 그래서 많은 계획을 세우지. 사람들은 자신의 꿈이 이루어졌을 때를 상상하며 즐거워하거나, 장애물들이 방해를 하면 어쩌나 걱정을 하느라 많은 시간을 보내. 하지만 그렇게 상상만 하고 있으면 아무것도 이룰 수 없어. 내 꿈을 만들어 가는 것은 계획이 아니라 실천이니까.

무거운 생각 번쩍 들어 실천에 옮기자

① 계획을 세운다

막연한 생각을 구체적으로 정리한다. 예를 들어 '자동차가 좋아, 자동차 관련된 일을 하고 싶어.'라는 생각이 들었다면 앞으로 어떻게 하면 자동차에 관련된 일의 전문가가 될 수 있는지 구체적으로 계획을 짜 보는 거야.

② 이제는 머리보다는 몸을 써야 할 시간!

계획이 끝났으면 더 이상 망설이거나 걱정할 시간이 없어. 언제나 더 많이 생각한다고 더 좋은 결과가 나오는 것은 아니야. 생각해야 할 때 열심히 생각하고, 실천해야 할 때는 생각보다는 실천에 집중해야 해.

③ 할 수 있는 것부터 차근차근!

목표를 세워 놓았는데 어마어마한 돈이 필요하거나 특수한 장비가 필요하다고? 그래서 큰돈이나 장비가 생길 때까지 기다려야겠다고? 그럼 꿈 속에서밖에 목표를 이룰 수 없지. 아무리 큰 목표라고 해도 그 목표를 이루기 위한 작은 실천 방법들은 얼마든지 있어. 그것들을 찾아서 꾸준히 실천하는 게 중요해. 시간이 흐르면 나의 작은 실천들이 모여 어느 새 큰 목표에 다가가 있을 거야.

④ 마무리 될 때까지 후회 않기!

목표한 것이 마무리 지어지기 전에 꼭 장애물이 생기기 마련이지. 그럴 때는 어떻게 하면 그 장애물을 넘어설 수 있을지에 대해서만 생각해. '내가 너무 터무니없는 목표를 세웠나?', '이 목표가 나에게 정말 필요할까?' 이런 생각들은 결국 포기에 이르게 하지. 처음에 이미 신중하게 생각해 보고 정한 목표라면 중간에 후회하거나 포기하지 마.

|포기|

026 달콤한 악마의 유혹

> 불평만 일삼을 것이 아니라 잘못한 것에서 교훈을 얻어라!
> – 빌 게이츠(미국의 기업가)

윌마 루돌프라는 소녀는 한 쪽 발을 절룩거리며 걸었어요. 네 살 때 소아마비에 걸렸기 때문이었지요. 윌마의 엄마는 가난한 가정 형편에도 불구하고 윌마를 데리고 멀리 있는 병원에 다녔어요.

"엄마, 힘들지 않아?"

윌마가 물었어요. 고단한 엄마의 등에 업혀 있는 게 미안했지요.

"괜찮아! 솜털처럼 가벼운걸! 어렵다고 포기하면 어떤 것도 해낼 수 없어. 너도 병원에서 물리치료 받는 게 힘들다고 해도 포기하면 안 돼! 알았지?"

"네!"

윌마는 든든한 엄마의 등에 업혀서 힘든 일이 있어도 절대로 포기하지 않는 마음을 배웠어요. 그리고 드디어 윌마는 가족들의 도움과 자신의 노력으로 다른 사람들처럼 걸을 수 있게 되었어요. 고등학교에 들어가서는 육상경기에 출전할 만큼 체력이 좋아졌지요.

하지만 운동에 대한 자신감에 가득 차 있던 윌마는 공식 육상경기에서는 한 번도 우승하지 못했어요.

'난 운동에는 누구보다 자신이 있었는데, 이게 어떻게 된 거지?'

윌마는 크게 좌절했어요.

"넌 운동에는 소질이 없는 모양이야. 운동 말고 다른 길을 찾아보는 게 어때?"

윌마를 질투하던 육상부 아이들이 말했어요.

'내가 이번 경기에서 우승하지 못한 것은 내 실력이 아직 초보 수준이기 때문이야. 하지만 더 많이 연습을 해서 근력과 순발력을 키우면 다음에는 우승할 수 있을 거야! 이런 작은 시련들 때문에 육상을 포기할 수는 없어.'

윌마는 연습을 통해서 자신의 문제점을 해결해 나갔어요. 그리고 오랜 노력 끝에 올림픽에 출전해서 세계 신기록을 세우고 여러 개의 금메달을 따내며 세계적인 육상선수가 되었답니다.

달콤한 악마의 유혹

목표를 위해 열심히 노력하다 보면 때로는 포기하고 싶은 때가 찾아와. '힘든데 뭐 하러 해!', '안 해도 괜찮아, 그냥 편하게 쉬라고!', '넌 재능이 없어!', '다른 더 좋은 일이 있을 거야!' 이런 말들을 누군가 귓가에서 소곤소곤 속삭이는 것 같지. 하지만 흔들리면 안 돼! 도중에 포기하면 구구단 2단조차 외울 수 없어! 아무것도 할 수 없게 되지.

악마의 유혹 물리치기

① 내가 해낼 수 있다는 것을 믿는다

나를 믿어. 난 노력하면 무엇이든 할 수 있어. 그리고 노력할 수 있는 끈기와 힘도 있다고. '내가 과연 저 어려운 일을 해낼 수 있을까?'라고 생각할 때 바로 악마의 마법이 내 일을 방해할 거야.

② 목표가 이루어졌을 때의 모습을 상상한다

내가 목표로 삼은 것이 이루어졌을 때 얼마나 뿌듯하고 기쁠지 상상해 봐.

포기 할 수 없는 이유 적기

지금 잠깐의 편안함은 내가 무언가 이루어 냈을 때의 기쁨에 비하면 아무것도 아니야. 큰 기쁨은 포기하지 않고 성실히 노력했을 때 누릴 수 있지.

③ 포기할 수 없는 이유를 적어 본다

귀찮고 힘든 마음에 포기하고 싶은 쪽으로 생각이 기울었다 해도 포기할 수 없는 이유를 자기 자신은 분명히 알고 있어. 포기하고 싶으면 종이에 포기할 수 없는 이유를 적어 봐. 그리고 잘 보이는 곳에 붙여 둬.

④ 성취했을 때 스스로에게 상을 주기로 한다

내가 나에게 해 줄 수 있는 상을 주는 거야. 만화책 실컷 보기, 오락하기, 친구랑 놀러가기, 늦잠 자기, 나한테 선물 사 주기 등 목표를 위해 미뤄 왔던 것들을 나에게 상으로 주는 거야.

| 계 획 |

027 내가 만들어 가는 운명

> 인생이란 자신의 본성을 알아 내는 과정이 아니라
> 자신을 창조해 가는 여행이다.
> – 에드거 알렌 포우(미국의 소설가·시인)

"만화가가 되어서 어떻게 살림을 꾸릴 수 있다는 거냐!"
월트 디즈니의 아버지가 호통을 쳤어요.
"아버지! 저는 꼭 만화가가 될 거예요! 저에게도 생각이 있어요. 만화가라고 누구나 어려운 생활을 하는 것은 아니에요. 저에게도 다 계획이 있다고요!"

월트 디즈니는 아버지의 반대에도 불구하고 매일 만화를 그렸어요. 그리고 꿈을 이루기 위해 계획을 세우고 차곡차곡 준비를 해 나갔지요.

'영화와 만화는 서로 연관성이 있다고 생각해. 이야기를 중심으로 하고 있다는 것과 사람들에게 시각적으로 보여진다는 점에서 말이야. 당분간 영화 일을 하면서 만화에 도움이 될 만한 정보를 배우는 거야. 그래야 다른 만화가와는 다른 나만의 만화를 만들 수 있을 테니까.'

디즈니는 영화사에 취직을 했어요. 그리고 밤마다 만화를 그리며 어떻게 하면 독특하고 새로운 만화를 선보일 수 있을지 고민했어요.
　　어느 날 디즈니는 만화를 그린 다음 카메라로 찍었어요. 카메라로 필름을 돌리자 하나하나의 독립된 만화들은 서로 연결된 듯 살아서 움직였어요. 이렇게 해서 만화 영화가 생겨났지요.
　　디즈니는 한 계단을 오르면 다시 더 발전된 계획을 세웠어요. 이번에 세운 계획은 만화 영화를 발전시키는 것이었지요. 디즈니는 스튜디오를 차려 '미키 마우스'와 같은 수많은 캐릭터들이 출연하는 만화 영화들을 만들었어요. 처음에는 소리도, 색깔도 없는 흑백의 말없이 움직였던 만화 영화는 계획적이고 창의적인 디즈니의 손에서 진화를 거듭했어요. 만화 영화는 화려한 색도 입고, 아름다운 음악과 대사가 더해져서 수많은 어린이들에게 열렬한 사랑을 받게 되었지요.

한 계단씩 더욱 더 발전된 계획을 세우세요!

좋은 습관을 키우는 방법

내가 만들어 가는 운명

운명은 주어지는 게 아니라 내가 만들어 가는 거야. 다만 각기 다른 상황이 주어지는 것뿐이지. 똑같은 어려운 상황에서도 어떤 사람은 바르고 성실한 사람이 되고, 어떤 사람은 반항심이 커져서 자기 인생을 망쳐 버리기도 하지. 마음을 다스리고 계획을 세워 봐. 그리고 그렇게 되기 위해 노력하는 거야. 그러면 내가 세운 계획은 나의 운명이 되지.

운명을 계획하는 시간

① 꿈 정하기
평생에 이루고 싶은 것이 무엇인지 정해. 그래야 중심을 잃지 않고, 어디로 가야 하는지 흔들리지 않을 수 있어.

② 10년 계획 세우기
중요한 것들은 대개 오랜 시간을 필요로 해. 그러니 꼭 이루고 싶은 것들을 정해서 장기 계획을 세워 봐.

③ 1년 계획 세우기
새해가 되면 한 해를 어떻게 보내고 싶은지, 특히 올해는 어떤 것을 이루고 싶은지 계획을 세워. 한 해의 시작이 한 해의 습관을 결정지으므로 새해 초기에는 세운 계획을 철저하게 지키는 게 좋아. 그러한 노력들이 쌓이면 습관이 되어서 나중에는 저절로 계획이 이루어지게 될 거야.

④ 하루 계획 세우기

아침에 일어나면 오늘 하루의 계획을 세워 봐. 그러면 한결 순조롭게 일들을 해결할 수 있어. 그리고 시간을 효율적으로 사용할 수 있지. 하루의 계획을 짤 때에는 장기적으로 세워 놓은 큰 계획에 다가가도록 하는 것도 중요해.

|독서|

028 세상을 살아가는 지혜를 익히는 시간

> 독서하는 습관을 가진 것은
> 거의 모든 불행을 피할 수 있는 피난처를 가진 것이다.
> – 서머셋 모옴(프랑스의 소설가)

앨빈 토플러는 대학을 졸업하고 용접공으로 일하면서 노동조합에 관련된 잡지에 글을 실었어요. 그의 글에는 사회에 대한 날카롭고 정확한 비판과 대안이 담겨 있었지요. 앨빈 토플러는 사람들에게 주목받게 되었고, 결국 미래 사회를 예측하는 세계적인 미래학자가 되었지요.

앨빈 토플러는 《제3의 물결》이라는 책을 통해서 사회의 변화에 대해 설명했어요. 토플러는 사회의 흐름을 비교적 정확하게 예측했고, 그의 책들은 현재를 살아가며 미래를 준비하는 지식인들에게 필독서가 되었어요.

앨빈 토플러의 미래를 보는 정확하고 놀라운 시선은 특별한 능력에서 나온 것이 아니에요. 그것은 바로 그의 놀라운 독서 습관이 가져온 결과였지요.

"자네, 손이 왜 그렇게 까만가? 자동차라도 고치다

저 친구 손이…

가 나온 거야?"

오랜만에 앨빈을 만난 친구가 물었어요.

"아, 이런! 신문을 보고 손을 안 씻고 나왔군! 신문을 읽다가 시간 가는 줄 몰라서 서둘러 나오느라 잊은 모양이야."

앨빈 토플러는 자신의 손을 보며 웃었어요.

"얼마나 신문을 열심히 봤으면 손이 그 모양인가?"

"여섯 개 정도 보지. 신문을 통해서 세상을 구경하는 재미가 아주 쏠쏠해!"

그 많은 신문을 손이 까맣게 되도록 꼼꼼히 보다니 정말 세계적인 미래학자가 될 만했지요?

세상을 살아가는 지혜를 익히는 시간

세상을 살아가는 지혜는 대부분 책이나 신문에 담겨 있어. 그래서 독서를 하지 않으면 독서를 하는 사람들에 비해 세상을 살아가는 기술이 서툴기 마련이지. 다른 사람들이 독서를 통해서 세상의 원리를 깨닫고 행복한 마음으로 앞으로 나아가는 동안 엉뚱한 길을 헤매기 싫다면 지금 당장 도서관으로 가렴.

효과적으로 독서하는 습관

① 몰아치기보다는 매일매일!

하루 종일 책만 읽고 질려서 몇 달 동안 다른 책을 들춰 보지도 않는다면 일 년이 지나야 두 권을 읽기도 어렵지. 자기 전에 30분씩이라도 매일 책을 보는 게 중요해. 그러면 책을 읽는 속도도 빨라지고, 이해하는 속도도 빨라져. 하루에 30분씩 365일이 지나면 182.5시간 동안이나 책을 읽는 셈이지. 그러면 꽤 많은 책을 읽을 수 있겠지?

② **재미있고 흥미로운 책부터 읽기!**

처음부터 하품이 쏟아지는 어려운 책을 선택할 필요는 없어. 뭐든 재미가 있어야 열심히 하게 되지. 좋아하는 분야의 재미있는 책을 골라서 봐. 책을 고르는 것도 독서 습관을 들이는 중요한 기술이야.

③ **다양한 분야의 책 읽기!**

한 분야의 책을 읽는 것보다 다양한 분야의 책을 읽는 게 좋아. 그래야 어떤 문제를 해결해야 할 일이 생겼을 때 다양한 시선으로 생각하고 올바른 판단을 내릴 수 있거든.

④ **인상적이었던 부분 기록해 두기!**

인상적이었던 줄거리, 인물, 주제, 글귀 등을 정리해 둬. 나중에 책 내용이 생각 안 날 때, 적어 놓은 것을 보면 많은 내용들이 생각날 거야. 그리고 기록을 하면서 다시 한 번 머릿속에서 정리하게 되고, 깊이 새겨 두게 되지.

| 변화 |

029 세상은 지금도 변화하고 있다

> 많은 것을 변화시키고 싶은가?
> 그렇다면 먼저 많은 것을 받아들여라!
> – 사르트르(프랑스의 소설가 · 철학자)

세계적인 필름 회사였던 코닥은 위기에 처하게 되었어요. 편리한 디지털 카메라가 나오자 사람들이 더 이상 필름을 사지 않았거든요. 필름의 사용이 급격하게 줄자 세계 필름 시장을 장악하고 있던 코닥은 순식간에 무너져 갔어요. 이 때 안토니오 페레스가 코닥의 최고경영자가 되어 쓰러져 가던 회사를 다시 세계 속에 우뚝 세워 놓았답니다.

그 전의 코닥 경영자들은 미래에 대비하지 못했어요. 코닥은 미래에 대비하지 않아도 많은 수익을 내며 잘 굴러갔거든요. 그래서 경영자들은 변화를 원치 않았어요. 기존의 방식을 고집했지요. 세상이 변하고, 고객이 변하고 있는 사이에도 말이에요.

안토니오 페레스는 코닥의 경영을 맡게 되면서 제일 먼저 강력한 변화를 계획했어요.

"우리도 다른 경쟁사들처럼 디지털 카메라에 들어가는 메모리칩을 만들어야 할까요?"

"디지털 카메라용 메모리칩은 이미 나와 있어요. 더 획기적이고,

새로운 것이어야 해요. 그래야 주도권을 잡을 수 있어요. 디지털 분야에서 최고를 달리고 있는 회사와 손을 잡고 새로운 제품을 개발하는 것도 고려해 볼 만하지요."
안토니오 페레스가 직원들에게 말했어요.
얼마 후, 코닥은 세계적인 휴대폰 회사와 제휴를 맺었어요. 휴대폰에 들어가는 카메라 칩을 코닥이 만들어 제공하기로 약속한 것이지요. 그것으로 인해 코닥은 빠른 시간 안에 디지털 시장을 장악하게 됐고, 옛 명성을 되찾게 되었답니다.
안토니오 페레스는 세상을 이끌어 가기 위해서는 고집이 아니라 시대의 흐름에 맞는 변화가 필요하다는 것을 잘 알고 있었답니다.

세상은 지금도 변화하고 있다

변화를 싫어하는 사람들은 괜한 고집 때문에 곤란한 상황에 처하는 경우가 많아. 고집을 부리는 것은 눈을 가리고 길을 걷는 것이나 마찬가지인데도 말이야. 어디에 장애물이 있는지, 반대편에서 커다란 차가 달려오는 것은 아닌지 볼 수 없지. 고집을 버리고 끝없이 변화해야 발전할 수 있어. 변화하지 않고 그대로 있는 것은 뒷걸음질 치는 것이나 다름없지. 세상은 지금도 변하고 있으니까.

올바른 방향으로 변화하기

① 신문과 뉴스를 꼭 챙겨본다

세상이 어떻게 변화하는지 잘 알고 있어야 해. 그래야 나도 어떤 방향으로 변화해 나가야 할지 알게 되지. 세상의 흐름을 읽기 위해서는 뉴스와 신문을 보는 게 좋아.

② 나의 단점을 장점으로!

사람들에게는 누구나 장점과 단점이 있어. 내가 올바른 방향으로 변화하기 위해서는 나의 장단점을 잘 알고 있어야 해. 나의 장점

은 살리고, 단점은 없애거나 장점으로 바꾸도록 노력해야 하지. 말을 잘한다는 장점이 있다면 그것을 키워서 선생님이나 연설가가 될 수 있도록 노력하는 거야. 반대로 게으르다는 단점이 있다면 없애도록 노력하거나, 아니면 천천히 꼼꼼하게 해야 하는 일을 익히는 거지.

③ 모델을 정한다

내가 본받고 싶은 인물을 정해. 그리고 그 인물이 변화해 간 과정을 살펴보는 거야. 그러면 나도 당장 어떤 일부터 해야 할지 알 수 있지.

④ 옷차림부터 바꾼다

사람들은 자신의 옷차림에 따라 행동이나 마음가짐이 달라져. 그러니 자기가 변화하고 싶은 것과 가까운 옷차림을 하는 거야. 얌전해지고 싶다면 차분해 보이도록 흰색이나 검정색의 단정한 옷을 입어. 발랄해지고 싶다면 활동적인 청바지에 화려한 색 옷을 입는 거야.

| 희망 |

030

가슴을 훈훈하게 하는 난로

> 스스로 생각하는 모습대로 된다.
> – 나이팅게일(영국의 간호사)

오페라 역사상 가장 뛰어난 가수는 엔리코 카루소예요. 태양이 두 개일 수 없듯이 카루소만큼 훌륭한 오페라 가수는 다시 없을 거라고 말할 만큼 대단한 실력을 가지고 있었어요. 사람들은 카루소의 공연을 보며 도무지 사람의 목소리라고 믿기 어려웠어요. 그만큼 카루소의 목소리는 천국에서 들려 오는 소리처럼 신비로웠어요.

하지만 카루소도 처음부터 사람들에게 인정을 받았던 것은 아니었어요. 마을에서 노래를 잘하기로 소문이 난 아이이기는 했지만 가난해서 성악을 공부할 수가 없었어요.

'지금은 공장에서 일하지만 언젠가는 유명한 성악가가 되어서 멋진 공연을 할 거야.'

카루소는 공장에 다니면서도 희망을 잃지 않았어요. 일이 무척 힘들었지만 얼마든지 참을 수 있었어요. 마음 속에 단단하게 자

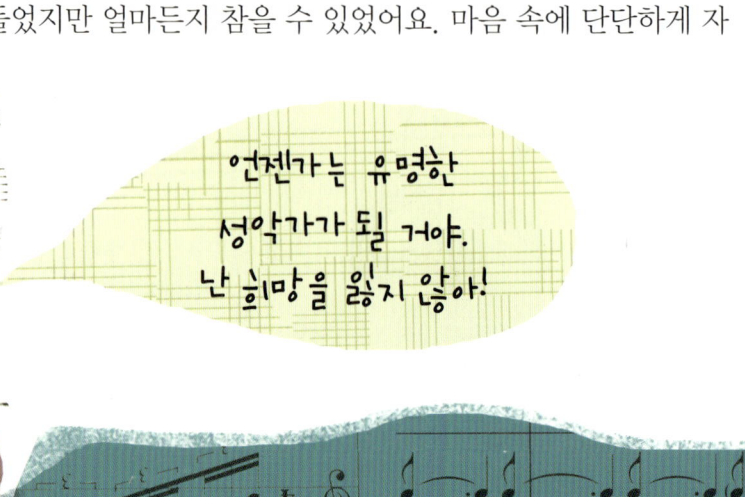

언젠가는 유명한 성악가가 될 거야. 난 희망을 잃지 않아!

리 잡은 희망이 끝없는 힘을 만들도록 도와 주었거든요. 카루소는 얼마 되지 않는 월급을 차곡차곡 모아서 성악 공부에 쓸 돈을 마련했어요.

카루소는 뒤늦게 성악 공부를 시작해 고향에서 첫 번째 공연을 했어요. 하지만 사람들은 아직 다듬어지지 않은 카루소의 노래에 별 호응을 보이지 않았어요.

'아직 노력이 부족한 거야. 더 열심히 노력하면 세계 최고의 오페라 가수가 될 수 있어. 누구는 뭐 처음부터 유명한 가수였나? 다 나처럼 한 걸음, 한 걸음 나아가는 거지!'

카루소는 스스로 마음을 추스르고는 다시 피나는 노력을 했어요. 그리고 몇 년 후, 카루소는 오페라 공연의 주인공을 맡게 되었어요. 카루소는 차츰 실력을 인정 받기 시작했고, 세계로 명성이 뻗어 나갔어요. 그리고 오페라 역사상 다시 없을 전설적인 오페라 가수로 남게 되었지요.

카루소는 어려운 상황에서도 희망을 버리지 않았고, 희망도 그의 꿈을 저버리지 않았답니다.

좋은 습관을 키우는 방법

가슴을 훈훈하게 하는 난로

똑같이 어려운 상황에 처해 있어도 희망을 가슴에 품고 있는 사람과 텅 빈 가슴을 가지고 있는 사람의 얼굴 표정은 달라. 희망을 품는다고 누구에게 돈을 내야 하는 것도 아니고, 큰 희망을 품는다고 법에 걸리는 것도 아닌데 사람들은 종종 희망을 잃어버리지. 기억해! 희망을 품은 사람은 언젠가는 그 희망과 가까이 가 있을 거야.

희망을 간직하고 사는 방법

① 긍정적인 마음을 갖는다

무엇이든 이룰 수 있다는 긍정적인 마음을 가져야 해. 그래야 앞으로 좋은 일이 일어날 것이라는 희망을 갖게 되지.

② 어려운 상황일수록 더 큰 희망을 갖는다

큰 희망은 큰 힘을 줘. 그러니 어려운 상황이라고 해서 작은 희망을 갖기보다는 큰 희망을 가지고 열심히 노력하는 게 좋아. 진심으로 희망이 이루어질 것이라고 생각하면 절로 기운이 나서 뭐든 즐거운 마음으로 성실히 할 수 있을 거야.

③ 이루고 싶은 희망을 구체적으로 생각한다

이루고 싶은 희망사항을 막연하게 생각하기보다는 구체적으로 생각하는 게 좋아. 만약 갖고 싶은 자전거가 있다면 그냥 '자전거'라고 생각하지 말고, 자전거의 색깔, 크기, 성능 등을 구체적으로 생각해 봐. 그러면 더 빨리 꼭 마음에 드는 자전거가 생길 거야. 구체적인 희망은 더 빨리 이루어지는 법이거든.

④ 새로운 희망을 세운다

희망이 이루어졌다면 또 다른 희망을 세워 봐. 그렇게 늘 희망을 갖고 살아가는 습관을 들이면 아무리 힘든 때에도 마음이 훈훈할 거야.

| 실패 |

031 실패는 끝이 아닌 **과정**이다

> 절대로 실수하지 않는 사람은
> 아무 일도 하지 않는 사람뿐이다.
> – 로맹 롤랑(프랑스의 소설가·극작가)

마이클은 좋아하는 여자 아이가 있었어요. 하지만 부끄러워서 말도 못하고 있었지요. 그러던 어느 날, 자기가 좋아하는 여자 아이가 농구부의 남자 아이를 좋아하고 있다는 사실을 알게 되었어요. 마이클의 순수하고 열정적이었던 짝사랑은 실패로 끝나고 말았지요. 하지만 마이클은 짝사랑의 실패를 통해서 거듭나려고 했어요.

"나도 농구를 할 거야! 나도 농구 잘할 수 있어!"

마이클은 고등학교 농구부에 들어가려고 했어요.

"마이클이라고 했나? 공부를 잘한다니 다행이야. 자네는 운동보다는 공부에 더 소질이 있는 것 같아. 우리 농구부에 들어오기에는 재능이 부족해."

마이클은 코치의 말에 큰 충격을 받았어요. 하지만 연달아 계속되는 실패에도 포기하지 않고 더 이를 악물고 열심히 노

력했어요.

"난 꼭 최고의 농구 선수가 될 거야. 오늘의 실패는 성공을 위한 밑거름일 뿐이야!"

마이클은 농구로 유명한 노스캐롤라이나 대학에 들어갔어요. 대학 농구부에 들어간 마이클은 끈질긴 연습을 통해서 실력을 크게 향상시켰어요.

그 후로 마이클은 자신의 천재적인 농구 실력을 마음껏 뽐낼 수 있었어요. 대학교에서는 2년 연속 최우수 선수에 뽑혔고, 시카고 불스팀 소속의 미국 프로농구 선수가 되어 최우수 신인, 7년 연속 득점왕, 수차례에 걸쳐 MVP로 선정되는 등 미국 최고의 농구 스타가 되었어요.

마이클 조던이 경기하는 모습은 마치 하늘을 날아다니는 것 같아서 '에어 조던'이라는 별명도 갖게 되었어요.

만약 마이클 조던이 실패 앞에 무릎을 꿇었다면 사람들은 하늘을 나는 듯한 그의 기막힌 경기 모습을 볼 수 없었을 거예요.

실패는 끝이 아닌 과정이다

큰 실패를 하고 나면 사람들은 세상이 끝났다는 듯이 좌절을 하고 엎드려 울기만 하지. 다시 일어날 수도 있다는 생각은 잊고서 말이야. 실패는 누구에게나 찾아와. 무언가 열심히 하는 사람에게는 더 자주 찾아오지. 실패는 성공의 어머니라는 에디슨의 말을 기억해.

실패를 이겨 내고 벌떡 일어서기

① **실패를 이겨 낸 인물 이야기를 읽는다**

큰 업적을 남긴 위대한 인물들의 이야기를 읽다 보면 알 수 있을 거야. 누구에게나 실패의 과정이 있다는 것을 말이야. 그 인물들은 어떻게 실패를 이겨 냈는지 잘 살펴봐. 큰 도움이 될 거야.

② **실패할 수도 있다는 것을 인정한다**

누구나 실패를 할 수 있고, 나 또한 그럴 수 있다는 것을 인정해. 실패를 하는 것이 고통스럽고 자존심이 상하기도 하지만 우리에게는 미래가 있어.

③ 실패에서 교훈을 얻는다

똑같은 실수를 하지 않도록 실패의 원인을 분석해 봐. 그리고 다음 계획에 참고하는 거야.
그럼 실패를 통해서 우리는 더 큰 사람으로 성장할 수 있어. 실패에서 교훈을 얻는 것, 이것이 바로 자신의 꿈을 이룬 사람들의 공통점이야.

④ 실패를 두려워하지 말고 다시 도전하기

실패를 하고 나면 다른 일에 새롭게 도전하기 두려워지기도 해. 또다시 실패를 할까 봐. 하지만 실패를 두려워한다면 성공도 할 수 없어. '구더기 무서워서 장 못 담근다.'는 속담이 있어. 구더기가 생길까 봐 된장도 고추장도 못 만드는 건 정말 바보 같지 않아?

#4
세상을 움직이는 긍정 습관

032 양심 _ 양심을 지키는 것은 나를 지키는 일
033 자유 _ 자유로운 상상이 천재를 만든다
034 폭력 _ 폭력은 더 큰 폭력을 부른다
035 발상 _ 새로운 세상을 열어 가는 생각
036 사랑 _ 가장 환상적인 기쁨
037 개성 _ 나를 돋보이게 하는 보석
038 친절 _ 세상을 밝히는 빛
039 나눔 _ 세상에서 가장 아름다운 행동
040 칭찬 _ 생명력을 불어넣는 말 한 마디

| 양심 |

032 양심을 지키는 것은 나를 지키는 일

> 좋은 친구와 좋은 책, 그리고 살아 있는 양심이야말로 가장 이상적인 생활이다.
> – 마크 트웨인(미국의 작가)

링컨은 가난한 농민의 아들로 자랐어요. 제대로 된 학교 교육을 받지 못했지만 혼자 공부해서 변호사가 되었고 그 후로 일리노이 주 의회 의원으로 뽑혔어요. 하지만 미국과 멕시코의 전쟁에 반대하는 바람에 인기가 떨어져서 의원 생활을 접게 되었지요.

"사람들은 나라에 이익을 가져올 수 있는 전쟁에 반대하는 사람을 좋아하지 않아요!"

링컨을 보좌하던 사람이 말했어요.

"하지만 전쟁은 수많은 사람들의 생명을 앗아갈 것이오. 그런 일에 동의하는 것은 내 양심이 허락하지 않아요!"

잠시 변호사 생활을 하던 링컨은 다시 정치인으로 돌아갔어요. 노예 제도를 반대하는 미국 공화당에 입당

명분 없는 전쟁에 동의하는 것은 내 양심이 허락하지 않소!

했지요. 링컨은 사람이 사람을 부리는 노예 제도에 대해서 반대하는 입장이었어요. 링컨의 가슴 속에 올바르고 건강하게 자리잡고 있던 양심이 그를 다시 행동하게 한 것이지요.

링컨은 곳곳을 돌며 노예 제도에 반대하는 연설을 했어요.

"갈라져서 싸우는 집은 올바로 설 수가 없습니다. 나는 믿습니다! 노예와 자유인으로 갈라진 나라는 영원히 계속될 수 없다는 것을 말입니다."

건강한 양심과 누구도 따라올 수 없는 현명함을 두루 갖춘 링컨은 국민들의 지지를 받아 미국의 대통령이 되었어요.

링컨이 대통령으로 있을 때 미국에서는 남군의 공격으로 남북전쟁이 벌어졌어요. 링컨은 남북전쟁을 치르며 무거운 과제였던 노예 해방을 이루어 냈어요.

양심은 링컨에게 올바른 판단력과 지혜를 주었어요. 그로 인해 수많은 사람들이 마땅히 누려야 할 정당한 자유를 찾을 수 있었답니다.

좋은 습관을 키우는 방법

양심을 지키는 것은 나를 지키는 일

양심을 속이는 것은 나를 속이는 일이야. 사람들은 속일 수 있을지 몰라도 절대로 나를 속일 수는 없는 일이니까. 반대로 내가 양심을 지키면 사람들이 몰라 준다고 해도 나는 분명히 알지. 양심을 지키는 것은 내 마음에 평화를 부르는 행복한 일이야.

숨어 있는 양심 지키기

① 혼자 있을 때에도 사람들이 있을 때처럼 행동하기!

사람들이 있을 때에는 올바른 척 행동하면서 깜깜한 밤에 남몰래 쓰레기를 들고 나와 길가에 휙 버리고 가는 사람들이 있어. 하지만 혼자 있을 때에도 양심을 지켜야 해. 깜깜한 밤이라고 해도 내 눈은 가릴 수 없어. 명심해. 내 행동은 내가 지켜보고 있어. 나 자신을 실망시켰을 때 가장 상처가 큰 법이야.

② 다수의 의견에 흔들리지 않기!

여러 명의 아이들이 무단횡단을 한다고 나도 덩달아 따라가면 안 돼. 여러 사람들이 그렇게 한다고 해서 양심 없는 행동이 용서를 받을 수 있는 것은 아니니까.

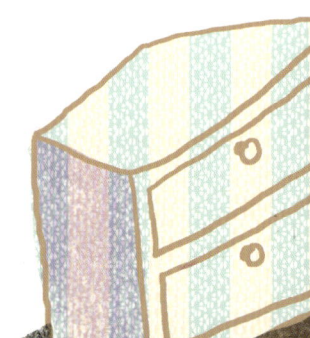

③ 양심을 지켰을 때의 마음을 잘 적어 두기!

양심을 지켰을 때 얼마나 유쾌한지, 얼마나 스스로에게 자랑스러운지 그 마음을 적어 둬. 그 마음을 기억해야 다음에도 양심을 지키기가 수월하거든.

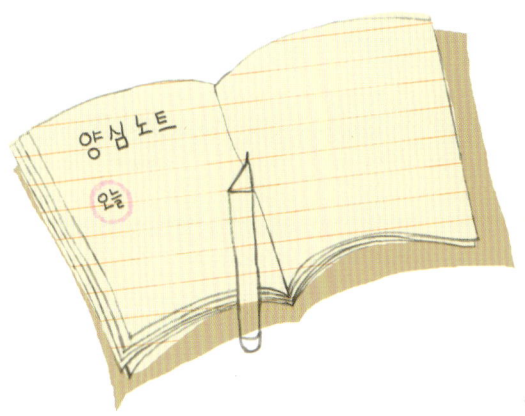

④ 양심에 걸리는 일이 있으면 늦게라도 해결하기!

양심에 걸리는 행동을 하면 마음이 불편하게 마련이야. 그럴 때는 늦게라도 용서를 빌거나 대가를 치르도록 해. 그래야 다음에 또 양심에 걸리는 행동을 하지 않지.

|자유|

033 자유로운 상상이 천재를 만든다

> 자유는 싹이 트기만 하면 성장이 빠른 나무다.
> - 조지 워싱턴(미국의 정치가)

세상 사람들의 존경을 받는 유명한 천재 과학자, 아인슈타인! 아인슈타인도 어린 시절에는 천재 대접을 받지 못했어요. 다른 보통 어린이와 비슷한 모습이었지요.

하지만 누군가 좀더 유심히 지켜 보았다면 아인슈타인이 유독 자유에 대한 갈망이 큰 소년이었다는 것을 알 수 있었을 거예요.

아인슈타인의 취미는 자유롭게 상상하는 것이었어요. 침묵을 지키며 즐거운 마음으로 상상의 날개를 펼치는 일은 재미있는 놀이였어요. 상상은 아인슈타인의 천재성을 성장시켰고, 결국 그 거대하게 자란 천재성은 세상에 우뚝 솟아올랐어요.

"내게 필요한 건 침대, 책상, 바이올린과 종이뿐이야!"

자유로운 상상에는 특별한 것이 필요하지 않았어요. 아인슈타인은 오히려 거추장스럽고 불필요한 것들을 싫어했어요. 불필요한 것들에 정신을 빼앗겨 자유롭게 사색하는 시간을 줄이고 싶지 않았으니까요.

아인슈타인은 실험보다는 논리적인 방법으로 과학을 연구하는 이론 물리학자였어요. 아인슈타인이 새로운 이론을 내놓아도 그의 이

론을 이해하는 사람은 많지 않았어요. 자유로운 상상력이 없는 사람에게 아인슈타인의 이론은 미래에서 온 알 수 없는 문자들의 나열처럼 보였지요.

하지만 자유로운 상상이 만들어 낸 아인슈타인의 이론들은 물리학의 엄청난 발전을 가져왔어요. 아인슈타인은 일반 상대성 이론을 발전시켰고, 1922년에는 노벨 물리학상을 받았답니다.

좋은 습관을 키우는 방법

자유로운 상상이 천재를 만든다

자유로운 생각이 아인슈타인의 천재성을 발휘하게 했어. 그만큼 자유란 사람의 능력을 한껏 발휘할 수 있는 장을 마련해 주지.

자유란 것은 통통 튀는 고무공 같아 어디로 튈지 몰라서 재미있고, 아름답고, 흥미롭지. 하지만 자유에는 책임이 따라. 고무공이 아무렇게나 튀게 두었다가는 살림살이를 몽땅 망가트릴지도 모르니까. 그럼 내 마음 속에 있는 고무공을 잘 다루는 법에 대해서 알아볼까?

자유를 지키기 위한 법칙

① 스스로 절제해야 한다

다른 사람에게 내 자유를 구속 받지 않으려면 나 스스로가 절제를 해야 해. 아무런 절제가 없는 자유는 나를 병들고 힘들게 만들어. 자유롭게 오락만 하고 싶다고 해서 진짜로 밥도 안 먹고, 학교에도 안 가고 오락만 한다면 나는 나 자신을 잃게 돼.

② 더 크고 의미 있는 자유를 택한다

나에게 주어진 모든 자유를 동시에 누릴 수는 없어. 아침에 텔레비전을 볼 자유를 택한다면 늦잠을 잘 자유는 잃게 되지. 자유도 계획적으로 사용하는 게 좋아. 그래야 더 크고 값진 자유를 누릴 수 있지.

③ 혼자 있을 때 자유를 즐겨라

사람들과 함께 있는 시간에 자유를 즐기려고 하기보다는 혼자 있는 시간을 자유롭게 보내려고 계획하는 게 좋아. 사람들과 함께 있을 때는 서로의 자유가 충돌하기 쉽거든. 그러니까 사람들과 함께 있는 시간에 참았던 자유를 혼자 있을 때 마음껏 풀어 놓는 게 현명하지.

④ 다른 사람의 자유도 소중히 여겨라

나에게는 자유 시간을 달라고 하면서, 엄마한테는 시도 때도 없이 이것저것 해 달라고 조르면 공평하지 않아. 다른 사람들의 자유도 소중하다는 것을 기억해.

| 폭력 |

034 폭력은 더 큰 폭력을 부른다

> 폭력은 짐승의 법칙이고, 비폭력은 사람의 법칙이다.
> – 모한다스 간디(인도의 민족운동가)

'모한다스 간디'는 많은 사람들에게 '마하트마 간디'로 불려요. '마하트마'는 산스크리트 어로 '위대한 영혼'이라는 뜻을 가지고 있지요.

인도인이었던 간디는 영국에서 법률에 대해 공부했어요. 그리고 사건을 의뢰 받아 남아프리카로 가게 되었지요. 그런데 그 곳의 백인들은 유색인종을 무시하고 천대했어요.

'백인들은 뭔가 잘못 생각하고 있어! 얼굴이 하얀색이어야 사람이라고 생각하다니! 어떻게 사람을 차별하는 법까지 만들어 놓을 수가 있지?'

간디는 백인들

인종차별반대운동

에게 고통 당하고 있는 인도인들을 모른 척할 수가 없었어요. 그래서 간디는 남아프리카에서 인도인들의 인간적인 권리를 찾기 위한 '인종차별반대운동'을 펼쳤어요.

간디의 무기는 총이나 칼이 아니었어요. 기도하고, 금식하는 것으로 자신의 뜻을 세상에 알렸지요. 이러한 간디의 비폭력·무저항운동은 세계인들의 시선을 집중시켰어요.

그러던 중 간디를 선두로 길거리 행진에 참여했던 약 4,000명의 사람들이 남아프리카 당국에 체포되었어요. 그러자 세계 여론은 정당한 주장을 가지고 평화로운 시위를 하는 간디의 편이 되어 주었어요. 결국 남아프리카는 인도인에 대한 차별법을 모두 폐지하게 되었답니다.

고국에 돌아온 간디는 인도의 독립과 평화를 위한 노력을 계속했어요. 간디의 비폭력·무저항운동은 그 어떤 무력 저항보다 더 큰 힘을 발휘하며 세상을 움직였어요. 간디는 평화로운 민족운동 지도자이자, 인도 건국의 아버지로 세계인들에게 존경을 받고 있답니다.

폭력은 더 큰 폭력을 부른다

억울한 일을 당하거나, 화가 나면 폭력을 사용하는 사람들이 있어. 그래서 친구들하고 싸우기도 하고, 크게는 세계 전쟁이 나기도 하지. 하지만 자신의 부당한 상황이나, 화가 나는 것을 폭력으로 해결하려는 것은 옳지 않아. 폭력은 더 큰 폭력을 불러 오거든.

폭력을 버리는 습관

① 열을 센다

화가 날 때 바로 행동에 옮기는 것은 어리석은 일이야. 그렇게 하면 대개 화가 가라앉고 나서 후회하게 되지. 우선 부글부글 끓어오르는 화를 가라앉히는 것이 중요해. 그러기 위해서는 마음 속으로 숫자를 세는 것도 좋은 방법이야. '하나, 둘, 셋……' 숫자를 세다 보면 신기하게도 마음이 어느 정도 가라앉아.

② 상대방의 입장이 되어 본다

내 입장에서만 생각하지 말고 상대방의 입장에서 생각해 봐. 언제나 내 생각이 옳은 것은 아니야. 상대방의 생각이 옳을 수도 있다는 것을 기억해야 해. 상대방의 입장도 생각하는 현명한 사람이 된다면 저절로 폭력과 멀어질 수 있어.

③ 내가 화가 나는 이유를 말한다

아무리 생각해도 화가 난다면 울지 말고, 목소리를 높이지 말고, 내가 왜 화가 나는지 논리적으로 설명해. 그래야 상대방이 내 말을 진지하게 생각해 볼 거야. 사람들 사이에 일어나는 일은 폭력이 아니라, 대화로 풀어야 해.

④ 운동을 한다

평소에 스트레스가 쌓였다면 작은 일에도 폭력을 쓰고 싶어져. 그러니까 스트레스를 풀 수 있는 태권도, 합기도, 수영 등의 운동을 해 봐. 그러면 몸과 더불어 마음도 단단해져서 화가 날 때도 현명하게 대처할 수 있는 힘이 생길 거야.

| 발상 |

035 새로운 세상을 열어 가는 생각

> 진짜 여행은 새로운 풍경을 보는 것이 아니라
> 새로운 시각을 갖는 것이다.
> – 마르셀 프루스트(프랑스의 소설가)

"와! 정말 별난 공연이로군!"

백남준은 존 케이지의 공연을 보고 새로운 세계로 들어선 느낌이 들었어요. 존 케이지는 유명한 음악가였어요. 그의 공연은 흔히 볼 수 있는 그런 음악 공연이 아니었어요. 음악에 퍼포먼스를 더한 새로운 것이었지요.

음악을 공부하던 백남준은 존 케이지의 공연에 큰 영향을 받았어요. 그리고 고정관념을 깨고 전혀 새로운 개성적인 시각으로 사물을 보기 시작했어요.

"모든 사물이 예술 작품이 될 수 있어! 유리잔도, 의자도, 전봇대도, 텔레비전도!"

백남준의 독특한 발상은 텔레비전이라는 매체에 집중되었어요. 텔레비전의 노예가 되어 가는 듯 텔레비전에 큰 영향을 받으며 살아가는 사람들의 모습을 풍자하고자 했지요. 백남준은 텔레비전에 영상을 담기도 하고, 음

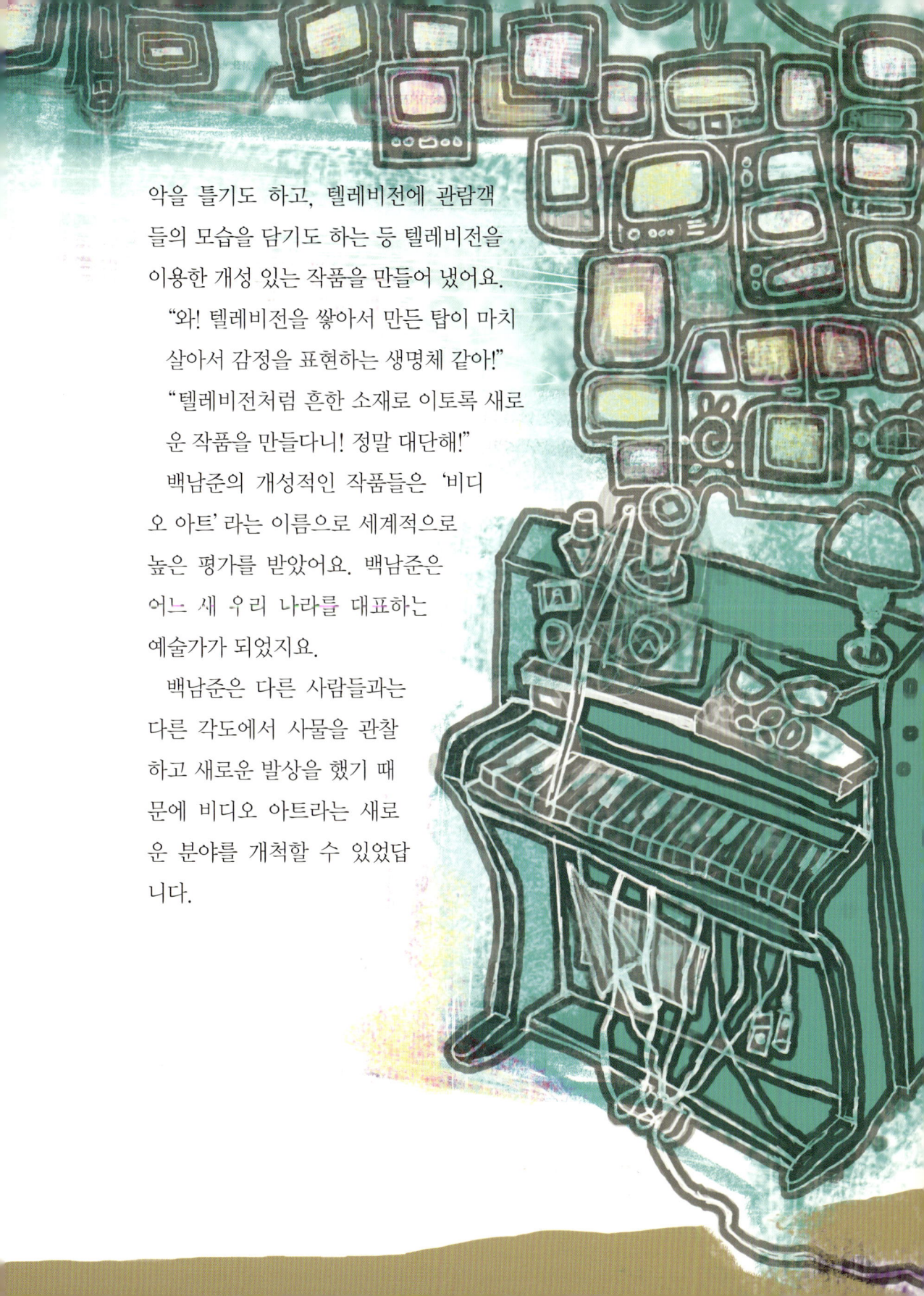

악을 틀기도 하고, 텔레비전에 관람객들의 모습을 담기도 하는 등 텔레비전을 이용한 개성 있는 작품을 만들어 냈어요.

"와! 텔레비전을 쌓아서 만든 탑이 마치 살아서 감정을 표현하는 생명체 같아!"

"텔레비전처럼 흔한 소재로 이토록 새로운 작품을 만들다니! 정말 대단해!"

백남준의 개성적인 작품들은 '비디오 아트'라는 이름으로 세계적으로 높은 평가를 받았어요. 백남준은 어느 새 우리 나라를 대표하는 예술가가 되었지요.

백남준은 다른 사람들과는 다른 각도에서 사물을 관찰하고 새로운 발상을 했기 때문에 비디오 아트라는 새로운 분야를 개척할 수 있었답니다.

새로운 세상을 열어 가는 생각

세상은 사람들의 아이디어에 의해서 만들어지고 움직여. 다른 사람과 똑같은 생각으로는 남보다 앞선 것을 만들기 어렵지. 남다른 멋진 것을 만들고 싶다면 발상의 방법부터 남달라야 해.

생각이 퐁퐁 쏟아져 나오는 발상법

① 반대 입장에서 생각해 보기!

내 의견만 주장하지 말고 다른 사람의 입장에 서서 다른 사람의 의견에 대해서 생각해 봐. 동물의 입장, 식물의 입장에서 생각해 봐도 좋아. 이렇게 다른 사람들의 마음을 이해하려고 노력하다 보면 굉장히 폭넓은 시각을 갖게 돼.

② 고정관념을 버리기!

틀에 박힌 생각을 가지고 있으면 지금까지는 없던 새롭고 놀라운 아이디어를 생각해 내기 어려워. 안 된다는 생각을 버리고 자유롭게 상상해 봐.

③ 상상력을 자극하는 책 많이 읽기!

아무런 재료도 없이 창의적인 요리를 만들어 낼 수는 없어. 밀가루라도 있어야지. 재료가 좋을수록 훨씬 더 멋진 요리를 만들어 낼 수 있듯이 지식이 많아야 더 새로운 것을 창조해 낼 수가 있어. 책은 우리에게 지식뿐만 아니라 무한한 상상력도 불어넣어 주지.

④ 나와 의견이 다른 사람과 토론하기!

나와 의견이 다른 사람과 토론을 하다 보면 저절로 다른 시각을 이해하게 돼. 그리고 상대방의 질문에 답을 하거나 나의 주장을 펴기 위해 논리적인 발상을 연습하게 돼. 그러니 다른 사람들과 토론하는 것을 즐겨 봐.

|사랑|

가장 환상적인 기쁨

> 인생을 가장 멋지게 사는 방법은
> 가능한 많은 것을 사랑하는 것이다.
> – 빈센트 반 고흐(네델란드의 화가)

"디쿠야! 내 신발을 신거라!"

아버지는 너덜너덜한 축구화를 아들인 디쿠에게 벗어 주었어요. 그리고 자신은 맨발로 아들과 축구 경기를 했어요. 디쿠의 아버지는 브라질의 축구 선수였어요. 하지만 월급이 많지 않아서 가난한 생활을 해야 했지요. 디쿠는 제대로 된 신발 한 켤레도 없었어요. 그래서 맨발로 뛰어다니며 아이들과 축구를 하기도 하고, 아르바이트를 하며 생활비에 보태기도 했지요.

아버지는 생활비를 벌기 위해 낮에는 축구 연습과 경기를 하고 저녁에는 병원에서 일을 해야 했어요. 늘 무리하게 일을 하던 아버지는 무릎을 다치고 말았어요. 그래도 집에 돌아와 아들과 축구하는

시간을 미루지 않았어요. 다리를 절룩거리는 한이 있어도 아들에게 축구를 지도했지요. 아버지는 축구에 대한 사랑도, 아들에 대한 사랑도 무척 큰 사람이었지요.

  디쿠도 아버지만큼이나 축구를 사랑했고, 아버지를 사랑했어요. 그래서 축구를 열심히 했고, 아버지처럼 멋진 축구 선수가 되어 아버지의 사랑에 보답하고 싶었어요. 그리고 그 다짐을 지켜 내고야 말았답니다.

  디쿠는 브라질의 축구 영웅, 축구 황제라 불리는 펠레거든요. 펠레라는 이름은 사람들이 붙여 준 애칭이지요. 펠레는 가난하고 어려운 상황에서도 부모님의 사랑으로, 그리고 부모님에 대한 사랑과 축구에 대한 사랑으로 세계적인 축구 영웅이 될 수 있었답니다.

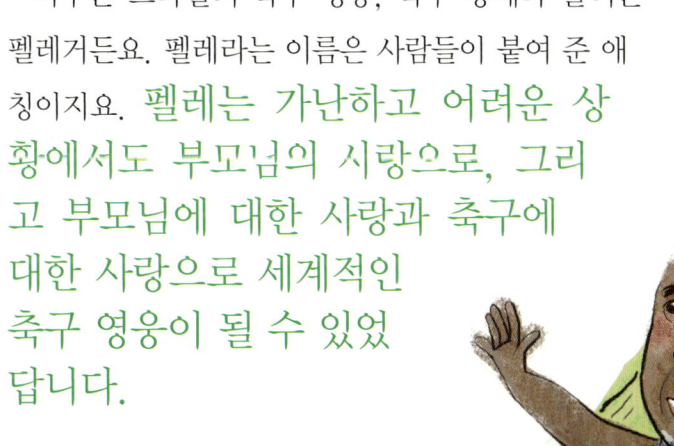

가장 환상적인 기쁨

사랑은 세상 어디에나 있어. 사람, 동물, 식물, 사물, 공간, 시간 등 사람이 사랑을 느끼면 무엇이든 사랑의 대상이 되지. 사람은 무언가를 사랑할 때 가장 큰 기쁨을 느낄 수 있어. 꼭 서로 사랑을 주고받아야 하는 것은 아니야. 아무런 대가를 바라지 않고 사랑을 주는 것, 그것만으로도 충분히 행복할 수 있지. 선물을 받을 때보다 줄 때 더 행복한 것처럼 말이야.

사랑의 기술

① 사랑도 습관!

사랑을 주는 것도 습관이야. 식물을 사랑하는 사람은 동물을 사랑하기 쉽고, 동물을 사랑하는 사람은 사람을 사랑하기도 쉽지. 가족을 사랑하는 사람은 남을 사랑하기도 쉬워. 그러니 가까이에 있는 것부터 사랑하기 시작해 봐.

② 제일 먼저 사랑해야 할 것!

나를 싫어하는 사람은 다른 사람을 사랑할 수 없어. 나를 사랑해야 다른 사람을 사랑하는 건강하고 올바른 방법을 알게 되지. 제일 먼저 사랑해야 할 상대는 나라는 것을 잊지 마.

③ 사랑에는 책임이 따르는 법!

강아지를 좋아해서 키우기 시작했다면 끝까지 책임을 져야 해. 식물도, 사람도 마찬가지지. 책임이 없는 사랑은 사랑이 아니야. 잠깐의 호기심이나 갖고 싶은 욕심일 수도 있지. 책임감 있는 사랑은 우리를 더욱 큰 사람으로 성장시켜 준단다.

④ 적당한 거리가 필요해!

사랑한다고 집착을 하거나 구속을 하면 안 돼! 엄마에게 동생 말고 나만 예뻐해 달라거나, 강아지에게 늘 내 옆에만 있으라고 할 수는 없어. 사랑은 책임인 동시에 배려야. 상대방을 편안하고 행복하게 해 주고 싶은 게 진짜 사랑이지. 그래야 사랑하는 마음이 더욱 커질 수 있어.

동화책은 조금이따 읽어 주세요.

|개성|

037 나를 돋보이게 하는 보석

> 모든 개성에는 제각각의 아름다움이 있다.
> – 랄프 왈도 에머슨(미국의 성직자·연설가)

"옷을 왜 이렇게 우스꽝스럽게 만들어 놓은 거야?"

양복점 사장이 베네통에게 호통을 쳤어요. 베네통은 작은 양복점의 점원이었지요.

"멋지지 않아요? 옷 색이 너무 칙칙해서 화려하게 포인트를 줬어요."

베네통은 마네킹에게 화려하고 특이한 스카프나 넥타이로 장식을 했어요. 베네통은 언제나 남과 다른 자신의 개성을 표현하고 싶었지요. 하지만 사장은 평범하고 전통을 따르는 디자인을 좋아했어요.

'사람들도 분명히 자신만의 개성을 표현하고 싶을 거야. 이제 칙칙한 옷들이 지겨울걸?'

베네통은 스무 살이 되던 해에 여동생과 함께 눈부시게 선명한 색들로 스웨터를 만들었어요. 개성보다는 품위와 실용성을 우선시하던 당시로서는 정말 획기적인 옷이었지요.

베네통의 생각은 적중했어요. 무지개 색처럼 알록달록 개성이 넘치는 옷은 날개 돋친 듯 팔려 나갔어요.

작은 양복점의 가난한 점원이었던 베네통은 자신의 독특한 개성을 살려서 사업에 성공했고 사업을 점점 더 확장해 나갔어요.

공장은 직원들이 편안하게 일할 수 있도록 색다르고 아늑한 느낌이 들도록 디자인 했어요. 그리고 매장은 사람들이 편하게 옷을 고를 수 있도록 딱딱한 분위기를 없애고 친구네 집 옷장을 구경하는 듯한 느낌이 들도록 편안하게 꾸몄어요.

광고에서도 베네통의 개성이 잔뜩 묻어났어요. 베네통의 광고는 무척 낯선 것들이었어요. 전혀 어울리지 않는 것들을 조합함으로써 사람들의 이목을 끌었고, 색다른 시선으로 세상을 보는 법을 일깨워 줬어요.

베네통은 사람들의 눈치를 보지 않고 자신의 개성을 살려 눈부시게 빛나는 새로운 것들을 만들어 냈답니다.

> 사람들은 자신만의 개성을 표현하고 싶어해!

좋은 습관을 키우는 방법

나를 돋보이게 하는 보석

사람들은 다른 사람이 가진 것을 부러워하느라 내가 가진 것이 무엇인지도 모르고, 유행만 따라가느라 정신이 없지. 하지만 생각해 봐. 내가 진짜 멋지다고 생각하는 게 뭔지. 남들의 눈치를 보지 않는 진짜 내 모습은 어떨지 말이야. 진짜 나를 표현할 때 진정한 자유를 느낄 수 있어.

이제는 개성을 표현할 시간

① **사람들의 생각은 참고만 할 것!**

사람들의 의견이나 생각을 완전히 무시하라는 게 아니야. 다만 내 의견을 중심에 두고 참고를 하라는 거지.

② **나는 나!**

사람들과 내가 다른 것은 당연해. 좋아하는 음악, 옷, 색깔, 책 등 내가 좋아하는 것을 내가 좋아하는 방식대로 즐기는 거야. 아이들이 웃어도, 유행에 맞지 않아도 내 마음에 꼭 들면 그걸로 된 거지. 유행을 따르기만 하는 사람은 유행을 만들 수 없어.

나는 나! 나만의 방식이 있어.

③ 개성도 경험에서 나온다

완전히 새로운 것은 없어. 독서나 관람, 관찰, 경험을 통해서 아이디어를 얻어 새로운 것을 창조하는 거지. 개성을 키우고 싶다면 보다 많은 것을 익히고 관찰하고 경험해 봐.

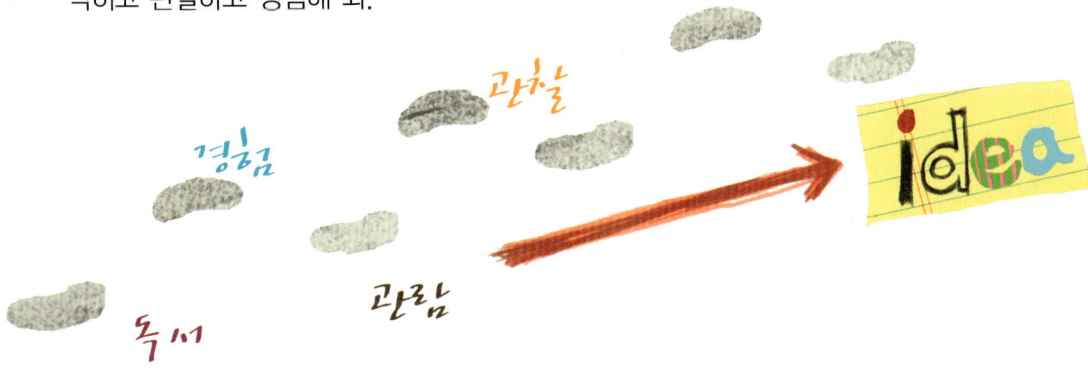

④ 다른 사람의 개성도 존중하기!

나의 개성이 중요하듯이 다른 사람의 개성도 중요한 법! 나와 다른 의견이나 다른 취향을 가지고 있다고 해서 놀리거나 내 주장을 받아들이라고 강요하면 안 돼.

| 친절 |

세상을 밝히는 빛

> 다른 사람에게 친절하고 관대한 것은
> 마음의 평화를 유지하는 길이다.
> – 플라톤(고대 그리스의 철학자)

오프라 윈프리는 미국에서 최고의 인기를 누리고 있는 방송 진행자예요. 오프라가 진행하는 '오프라 윈프리 쇼'는 세계 많은 나라에서 방송되고 있어요. 오프라는 수많은 사람들의 마음을 움직이는 영향력 있는 사람이지요.

오프라는 재치 있는 말솜씨와 출연자들에게 진실을 말하게 하는 능력으로 인정 받기 시작했어요. 하지만 이렇게 많은 사람들에게 크고 지속적인 사랑을 받을 수 있었던 것은 오프라가 사람들을 대하는 방식 때문이에요.

"와! 내가 오프라 윈프리를 직접 보다니!"

방청을 하기 위해 스튜디오로 찾아온 수많은 어린 학생들이 오프라를 보고 무척 좋아했어요. 오프라는 그런 학생들에게 한 명 한 명 인사를 건넸어요.

"이렇게 멀리 찾아와 줘서 고마워요!"

오프라는 친절하고 상냥하게 말했지요. 학생들에게 오프라의 친

절한 마음이 그대로 전해졌지요. 오프라는 자신이 사람들에게 베푼 친절이 더 커져서 세상을 따뜻하고 아름답게 하리라고 믿었어요. 그래서 방청객들에게 종종 어마어마하게 큰 깜짝 선물을 했어요. 삼백 명에 달하는 방청객들에게 자동차를 선물하기도 하고, 카메라를 주기도 하고, 백만 원 정도가 들어 있는 직불카드를 방청객 모두에게 나누어 주기도 했어요. 하지만 조건이 있었지요.

"이 직불카드에 들어 있는 돈을 다른 사람에게 친절을 베푸는 일에 쓴다고 약속해 주세요!"

오프라가 조건으로 내긴 것은 바로 친절이었어요. 오프라는 자신이 사람들에게 친절을 베풀 때 무척 행복했고, 사람들도 그런 친절을 베푸는 것으로 인해 행복을 느끼기를 바랐지요. 그리고 그러한 따뜻한 마음들이 어둠과 고통 속에서 살아가는 사람들에게 전해지기를 바랐어요. 이러한 오프라의 따뜻한 마음은 고스란히 시청자들에게 전해졌고, 오프라의 프로그램은 더 큰 사랑을 받게 되었답니다.

> 다른 사람에게 친절을 베푸는 일에 쓴다고 약속해 주세요.

좋은 습관을 키우는 방법

세상을 밝히는 빛

세상을 움직인다는 것은 사람들의 마음을 움직인다는 거야. 사람의 마음을 움직이려면 그 사람에게 진심 어린 친절을 베풀어야 해. 사람들을 감동시키는 가장 좋은 방법이 바로 친절이니까.

머리부터 발끝까지 친절한 사람 되기

① 사람의 마음 읽기!

상대방에게 무엇이 필요한지, 무엇을 하고 싶은지 이해하려는 노력이 필요해. 연필을 떨어트린 친구를 보면 그 친구가 연필을 주우려 할 것이라는 걸 알 수 있지. 그 때 내가 먼저 팔을 뻗어 연필을 주워 건네 주는 거야. 작은 친절부터 시작해 봐. 그러면 사람을 이해하고, 도와 주고, 배려하는 것이 습관이 되어서 나중에는 정말 커다랗고 멋진 친절을 베풀 수 있게 돼.

② 미소 가득한 얼굴로 말하기!

귀찮고 하기 싫은데 억지로 친절을 베풀고 있다는 느낌이 들면 그 친절을 받는 사람의 기분은 어떨까? 그런 친절은 누구나 사양하고 싶을 거야. '널 도와 줄 수 있어서 기뻐!'라는 마음으로 미소를 지으며 친절을 베풀어야 상대방도 기쁘게 받아들일 수 있어.

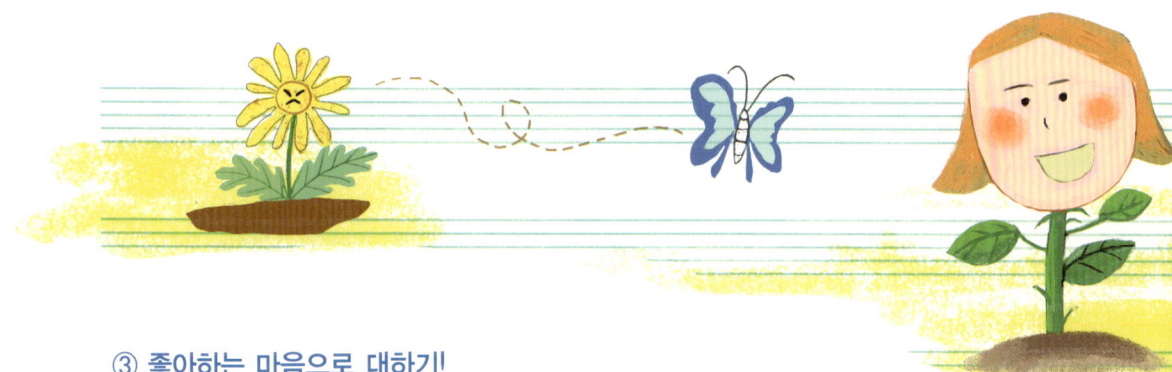

③ 좋아하는 마음으로 대하기!

사람의 마음은 몸으로 배어 나오게 되어 있어. 그러니 상대방을 좋은 사람이라고 생각하고 대해야 해. 그것이 잘 안 되면 상대방의 장점이 무엇인지 찾아봐. 친절은 행동뿐만 아니라 진심까지 전해지거든.

④ 상대방이 잘 되기를 바라기!

칭찬을 받기 위해서, 혹은 좋은 사람으로 보이기 위해서 친절을 베푸는 것은 나에게 행복을 가져다 주지 않아. 상대방이 잘 되기를 바라는 마음으로 베푸는 친절이 나와 상대방에게 좋은 기분을 전해 주지. 친절을 베풀고 그 대가를 바라는 것은 진정한 친절이 아니야.

039 |나눔|

세상에서 가장 아름다운 행동

> 부자의 가장 큰 행복은 남을 도울 수 있다는 것이다.
> – 라 브뤼에르(프랑스의 작가)

"카네기가 회사를 판다지 뭐야!"
"아니, 왜? 카네기의 회사는 세계 최고의 철강 회사 아닌가? 그렇게 탄탄하고 잘나가는 회사를 왜 판다는 거야? 도무지 이해가 안 되네! 더 이상 신경 쓰지 않아도 회사가 저절로 굴러가서 엄청난 이윤을 가져다 줄 텐데 말이야."
사람들은 충격적인 소식을 듣고 의아했어요.
하지만 카네기는 회사에 미련이 없었어요. 전신 기사로 일하다가 작은 철교 회사를 차렸을 때보다, 그리고 그 회사를 엄청난 속도로 키워 나갈 때보다, 재산을 사회에 환원하기로 한 지금이 더 설레고 행복했어요.
'회사가 성공을 거둘 수 있었던 것은 나 혼자만의 노력에 의해서 된 것이 아니야. 모든 사람들의 도움이 있었기 때문이지. 그러니 그들에게 내 재산을 나눠 줘야겠어. 회사를 팔아 생길 엄청난 돈을 어떻게 효과적으로 사람들을 돕는데 쓸 수 있을까?'
카네기는 직원들과 함께 새로운 계획들을 짰어요. 그리고 정말로 그 어마어마하게 큰 철강 회사를 팔고 그 돈으로 전세계 사람들을 위해 사용했어요.

　카네기는 특히 교육과 문화 사업에 관심이 많았어요. 세계 곳곳에 수천 개의 박물관과 도서관, 학교를 지어 기증하고, 과학과 학문을 돕는 카네기재단을 설립했어요. 그리고 세계의 평화를 위해 사용할 수 있는 국제평화기금도 만들었어요. 카네기의 기부로 인해 수많은 사람들이 교육과 문화의 혜택을 누리게 되었어요.

　"돈을 버는 것보다, 사람들을 돕는 일에 돈을 쓰는 것이 훨씬 더 행복한 일이야!"

　카네기는 자신이 기증한 학교와 도서관에서 만나는 밝은 표정의 학생들을 보며 회사를 팔기를 참 잘했다고 생각했답니다.

좋은 습관을 키우는 방법

세상에서 가장 아름다운 행동

세상의 모든 사람들이 서로 가진 것을 빼앗으려고 한다면 지구는 전쟁터로 변해 버릴 거야. 하지만 욕심을 버리고 가진 것을 부족한 사람에게 나누어 주려고 한다면 지구는 천국이 되겠지. 천국에서 살고 싶어? 아니면 지옥 같은 전쟁터에서 살고 싶어? 세상은 우리가 만들어 가는 거야.

나누는 기쁨 누리기

① 매월 후원 단체에 기부한다

인터넷으로 검색해 보면 이웃을 돕는 사회 복지 단체들이 많이 있어. 그 중에 하나를 선택해서 매월 용돈을 아껴서 조금씩 기부를 해 봐. 우리보다 더 어린 아이들도 매월 천 원씩 기부를 하기도 해. 기부를 하는 순간 내 마음은 돈보다 훨씬 값진 것으로 채워진단다.

② 안 쓰는 물건을 모은다

안 쓰는 물건들을 꼼꼼히 모아서 자선 기금 마련을 위한 재활용품 가게에 가져다 줘. 그 곳에서 내가 기증한 물건을 다시 손질해서 팔고, 그 수익금을 좋은 곳에 쓸 거야.

③ 내 친구와 이웃부터 챙긴다

우리 반 친구나, 이웃에 내 도움이 필요한 사람이 있으면 도와 주는 거야. 꼭 물질로 도와야 하는 것은 아니야. 마음을 나누는 것도 좋은 일이지. 몸이 불편한 친구의 가방을 들어 주거나, 무거운 짐을 들고 가시는 할머니의 짐을 들어드리는 것도 내가 가진 힘을 나누는 행복한 일이야.

④ 훌륭한 사람이 된다

훌륭한 사람이 된다면 내가 가진 재능과 노력으로 더 많은 사람들을 도울 수 있어. 그러니까 지금 당장 이웃을 돕는 것도 중요하지만 나의 능력을 키우는 데 소홀하면 안 돼.

| 칭찬 |

040 생명력을 불어넣는 말 한 마디

> 큰 소리로 칭찬하고 작은 소리로 비난한다.
> – 러시아 격언

헨리 포드는 어려서부터 기계에 관심이 많았어요. 그래서 15세에 이미 유능한 기계공이 되었어요. 디트로이트에 있는 에디슨 회사에서 기술 책임자로 일하던 헨리 포드는 자신의 꿈이었던 경주용 자동차를 만들고 싶었어요. 그래서 에디슨에게 자신의 계획을 말했어요.

"정말 멋진 생각이야! 자네는 기계를 다루는 마법사 같아!"

에디슨은 헨리의 말에 열정적으로 칭찬을 해 주었어요.

"정말 그렇게 생각하세요?"

헨리 포드는 천재적인 발명가인 에디슨에게 칭찬을 들으니 자신의 생각에 자신감이 생겼어요.

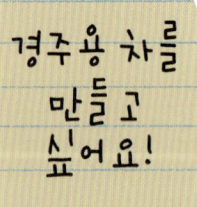

경주용 차를 만들고 싶어요!

"그래, 아주 좋은 아이디어들이야. 그러니까 자네 뜻대로 멋지게 만들어 봐!"

에디슨은 헨리 포드에게 칭찬을 아끼지 않았어요.

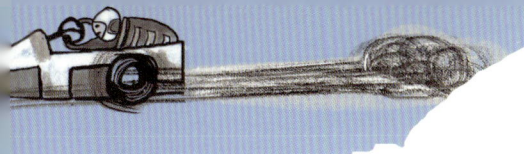

　헨리 포드는 자신감을 갖고 자동차 연구에 몰두했어요. 하지만 에디슨 회사의 기술 책임자 자리에 있으면서 자동차 연구도 병행한다는 것은 무리였어요. 그래서 회사를 그만두고 동업자와 함께 자동차 회사를 차렸어요.
　헨리 포드는 대량의 자동차를 효과적으로 생산할 수 있는 조립 시스템을 개발해 자동차를 만들어 내기 시작했지요. 아이디어가 많았던 헨리 포드는 회사를 운영하는 데 있어서도 창의적이었어요.
　헨리 포드는 제작, 생산, 관리에 있어서 효과적이고 새로운 방식들을 생각해 냈어요. 그로 인해 '포드' 사는 세계적인 자동차 제작 회사로 명성을 날리게 되었어요.
　헨리 포드는 에디슨 회사를 그만둔 다음에도 에디슨과의 우정을 쌓아 갔어요. 그리고 얼마 후 아예 에디슨의 옆집으로 이사를 갔지요.
　"만약 그 때 제 아이디어들이 형편없다고 나무라셨다면 지금의 포드 사는 없을 거예요. 그 때 칭찬을 아끼지 않고 해 주셔서 큰 힘을 얻었어요."
　헨리 포드는 에디슨의 가족과 저녁 식사를 하면서 다시 오래 전 일을 떠올렸답니다.

자네 뜻대로 멋지게 만들어 봐.

생명력을 불어넣는 말 한 마디

식물도, 동물도 계속해서 좋은 말을 들려 주면 건강하게 잘 자라고, 나쁜 말을 들려 주면 병들기 쉽대. 그러니 그 말뜻을 알아듣는 사람이라면 어떻겠어? 때로는 따끔한 충고가 필요할 때도 있지만 거부감 없이 사람의 마음을 움직일 수 있는 것은 역시 칭찬이지!

우리 모두 칭찬합시다

① 칭찬할 게 도무지 없다고?

자세히 살펴보면 누구나 칭찬할 만한 것이 있어. 공부를 못 하면 운동을 잘하든가, 운동을 못 하면 성격이 좋든가. 누구나 가지고 있지만 발견하기 어려운 장점을 발견해 준다면 상대방에게 큰 힘이 될 거야.

> 넌 상대방의 얘기를 참 잘 들어 주는 것 같아.

② **지나친 칭찬은 금물!**

사실보다 과장되게 칭찬을 하면 진심으로 느껴지지 않아. 그냥 예의상 꾸며 낸 말처럼 느껴지지. 그리고 그 정도가 더 심해지면 놀리는 것 같은 느낌을 받기도 해. 그러니 상황에 맞는 적절하고 진심에서 우러난 칭찬을 해야 해.

③ **뻔한 칭찬은 뻔하게 들려!**

얌전한 아이에게 '착하게 생겼네!'라거나, 운동 선수에게 '건강해 보이시네요.'라는 말은 너무 흔히 들었던 말들이라 별 느낌이 없어. 남들이 발견하지 못하는 부분을 칭찬해 봐. 그러면 상대방에게 훨씬 더 진솔한 느낌으로 다가갈 수 있을 거야.

④ **충고를 할 때는 칭찬을 곁들여서 하기!**

충고를 해야 한다면 한 가지 칭찬을 준비해 두는 게 좋아. 부드러운 칭찬이 딱딱한 충고를 한결 편안하게 받아들이게 해 주니까. 이 때 충고 먼저 하고 칭찬을 하는 게 좋아. 실컷 칭찬해 놓고 '그런데 이런 것은 좀 나빠!'라고 말하는 것보다 따끔한 충고를 해 준 다음 '하지만 너의 이런 점은 참 좋아.'라고 말하는 편이 나의 말을 더 긍정적으로 받아들이게 하지.

고학년 어린이를 위한
지식나눔 시리즈

유물로 보는 새로운 역사
오명숙 글

유물은 옛 사람이 남긴 이야기이자 삶이다. 그래서 《유물로 보는 새로운 역사》는 역사의 발전을 유물에서 찾았고, 그들이 남긴 '혁명'을 유물에서 찾아 새로운 눈으로 서술했다.

대한출판문화협회 올해의 청소년도서·충남교육청 독서골든벨 선정도서·한우리독서문화운동본부 우수추천도서

지리로 지구 한 바퀴
허운주 글 | 유인주 그림

나라마다 다른 자연환경을 이해하고, 다른 문화를 인정하고 서로의 문제를 알아가는 것, 그것이 바로 지리의 시작이다. 세계의 자연환경과 여러 나라의 인문학적 특색을 쉽고 재미있게 설명해 준다.

행복한아침독서 추천도서·한우리독서운동본부 우수추천도서

탕탕탕! 통과되었습니다.
청동말굽 글 | 유인주 그림

정치는 단순히 사람들을 다스리는 것이 아니라 철학과 역사, 인간에 대한 이해가 바탕이 되어야 하므로 정치의 역사, 기관, 이념, 사회구조, 법과 질서, 정치 참여 방법 등을 알려 준다.

한우리독서운동본부 우수추천도서

우리들의 당당한 권리 어린이 인권 이야기
청동말굽 글 | 지문 그림

어린이들에게 어떤 권리가 있는지, 어린이 인권이 어떻게 짓밟히고 있는지, 어린이 인권을 지키기 위해 어떤 노력을 하고 있는지 다루고 있다.

2015올해의 청소년 교양도서·한우리독서운동본부 우수추천도서

꼭 가보고 싶은 지구촌 축제
이주현 글 사진

각 축제조직위원회와 관광청에서 제공받은 자료 및 축제 사진들을 함께 수록해서 마치 직접 세계 여행을 하듯이 실감나게 지구촌 축제를 이해하고 즐길 수 있도록 구성하였다.

지구를 깨우는 화산과 지진
최원석 글 | 지문 그림

아름다운 자연경관에서부터 우리가 사용하는 여러 물질에 이르기까지 화산에서 탄생한 것들이 아주 많다. 인류에 많은 영향을 준 화산과 지진에 대해 재미있는 이야기를 통해 쉽게 풀어주었다.

충남교육청 독서골든벨 선정도서

한강의 기적을 이룬 대한민국 경제의 역사
석혜원 글 | 지문 그림

1960년대에 늘어서야 공업화가 시작되었던 우리나라가 불과 50년 만에 선진국들과 어깨를 나란히 하게 되었다. 기적과 같은 한국의 경제 성장이 어떻게 이루어졌는지에 대한 이야기가 담겨 있다.

세상을 움직이는 에너지와 도구
최원석 글 | 이유철 그림

현대 문명에 있어서 에너지는 그 무엇보다 중요한 것으로 인식되고 있다. 그래서 인류는 에너지를 아끼고 보호하기 위해 어떤 노력을 하고 있는지 들려준다.

구석구석 우리나라 지리 여행
양승현 글 | 마이신 그림

우리나라 지리에 대해 폭넓고 깊이 있게 다루고 있다. 각 장마다 개괄적 정보로 시작하여 구체적이고 확장된 내용, 그리고 흥미로운 읽을거리로 구성되어 있다.

*아이앤북 고학년 지식나눔 시리즈는 계속 발간됩니다.

2015년 6월 10일 2판 1쇄 발행
2022년 7월 20일 2판 13쇄 발행

지은이 | 정미금
그린이 | 조명자
발행인 | 김경석
펴낸곳 | 아이앤북
편집자 | 우안숙
디자인 | 김희영 김정선
마케팅 | 남상희
주　소 | 서울시 성동구 천호대로 424(용답동)
연락처 | 02-2248-1555
팩　스 | 02-2243-3433
등　록 | 제4-449호

ISBN 979-11-5792-019-8 74370
ISBN 979-11-5792-097-6(세트)

이 책에 실린 모든 내용, 디자인, 이미지, 편집 구성의 저작권은 아이앤북과 지은이에게 있습니다.
http://blog.naver.com/iandbook 아이앤북은 '나와 책' '아이와 책'이라는 뜻을 가지고 있습니다.

이 도서의 국립중앙도서관 출판시도서목록(CIP)은 e-CIP 홈페이지 (http://www.nl.go.kr/ecip) 에서 이용하실 수 있습니다. (CIP 제어번호 : CIP2015014570)